www.ingramcontent.com/pod-product-compliance
Lightning Source LLC
LaVergne TN
LVHW010940051026
849532LV00003B/1069

جموں و کشمیر میں

اردو ادب

(تحقیق و تنقید)

حامدی کاشمیری

© Hamidi Kashmiri

Jammu-o-Kashmir mein Urdu Adab *(Research)*

by: Hamidi Kashmiri

Edition: November '2025

Publisher :

Taemeer Publications LLC (Michigan, USA / Hyderabad, India)

ISBN 978-93-6908-608-5

کتاب	:	**جموں و کشمیر میں اردو ادب**
مصنف	:	**حامدی کاشمیری**
صنف	:	تحقیق و تنقید
ناشر	:	تعمیر پبلی کیشنز (حیدرآباد، انڈیا)
سالِ اشاعت	:	۲۰۲۵ء
صفحات	:	۱۷۶
سرورق ڈیزائن	:	تعمیر ویب ڈیزائن

مشمولات

کشمیر کے تخلیقی فنکاروں

کے نام

حامدی کاشمیری

۷

حرفِ اوّل

ریاست جموں وکشمیر میں اردو زبان سو سال سے زائد عرصے سے افہام و تفہیم، ترسیل و تدریس اور تخلیقیت کے ایک مؤثر وسیلے کا کام انجام دیتی رہی ہے۔ یہ زبان ریاست کے تین تہذیبی اور لسانی خطوں یعنی جموں، لداخ اور کشمیر کے درمیان رابطے کی زبان کا درجہ بھی رکھتی ہے اور اسی زبان کے توسط سے ریاست کی مختلف اور متعدد لسانی اکائیوں کے درمیان تہذیبی، سماجی اور سیاسی رشتوں کے استحکام کی ضمانت فراہم ہوتی ہے۔ اتنا ہی نہیں، بلکہ برصغیر کے مختلف علاقوں سے بھی اردو یہی ترسیلی زبان کا کردار ادا کر رہی ہے۔ غالباً اسی بنا پر ریاست میں اردو کو سرکاری زبان کا درجہ دیا گیا ہے۔

ریاست میں اردو کی تعلیم و تدریس کا انتظام پرائمری سطح کی جماعت سے بی۔اے تک ہے۔

۸

اور پھر ایم۔اے کی سطح پر جموں اور کشمیر کی جامعات میں اردو زبان وادب کی تعلیم کا خاطر خواہ انتظام ہے۔ پرائمری درجے سے لے کر ایم۔اے کی سطح تک جو نصابات رائج رہے ہیں، وہ عرصۂ دراز سے بیرون ریاست کے قلمکاروں کی نگارشات سے مرتب ہوتے رہے۔ ان نگارشات کی ہمہ گیر افادیت اور ضرورت کو تسلیم کرتے ہوئے بھی یہ لہٰذا لازمی ہے کہ خود ریاست میں ملا قائی سطح پر گذشتہ ایک صدی میں اردو زبان میں مقامی ادیبوں اور شاعروں نے جو کچھ لکھا ہے یا لکھ رہے ہیں، اس میں سے بھی مناسب و موزوں تحریریں نصابات میں شامل کی جائیں تاکہ ہمارے طلبا اپنی ادبی میراث سے حسب ضرورت واقفیت پیدا کریں اور سرزمین کشمیر نے جن ادیبوں اور شاعروں کو پیدا کیا ہے ان کے کارناموں کی جانچ پڑتال کریں۔

خوش قسمتی سے حالیہ برسوں میں کشمیر کی تہذیبی اور تخلیقی قدروں اور روایات کی بازیافت کا جذبہ ایک مستقل میلان کی صورت اختیار کرنے لگا ہے۔ یہی وہ میلان ہے جو ہمیں کشمیریت یعنی اپنے قومی تشخص کی شناخت اور اس کے استحکام میں مدد کر سکتا ہے۔ اس ضمن میں ہمارے ماہرین تعلیم اور مدرسین کا فرض ہے کہ وہ ریاست کے ادیبوں اور شاعروں کے کارناموں کو شامل نصاب کرنے کی طرف توجہ کریں۔ اسی ضرورت کے پیش نظر ہم نے ایم۔اے کے نصاب میں ایک پورا پرچہ "جموں وکشمیر میں اردو ادب" شامل کر لیا ہے اور اب سال گذشتہ سے بی۔اے کے نصابات میں کشمیر میں اردو زبان وادب سے متعلق کئی موضوعات شامل کیے ہیں۔ امید ہے پرائمری کے درجے سے دسویں جماعت تک جو نئے اردو کے نصابات رائج کیے جائیں گے

ن میں بھی مقامی قلمکاروں کی ادبی تخلیقات شامل کی جائیں گی ۔

مقامی قلمکار کی نگارشات کے مطالعے سے ہمارے طلبہ کو یہ فائدہ بھی ہوگا کہ وہ آسانی سے کشمیری تہذیب و تمدن، سماجی اور سیاسی زندگی، یہاں کے قدرتی مناظر، موسم، تاریخی مقامات اور یہاں کے لوگوں کے ذہنی رویوں، نفسیات اور سماجی روابط سے آگاہ ہوں گے اور ان کو خود اپنے آپ سے متعارف ہونے کا موقع ملے گا ۔ جو تعلیم کا بنیادی مقصد ہے ۔

۱۹۸۸ء میں شعبۂ اردو کشمیر یونیورسٹی میں یونیورسٹی گرانٹس کمیشن نے ڈیپارٹمنٹ آف سپیشل اسسٹنس کے قیام کی منظوری دی تاکہ شعبہ کی ہمہ جہت ترقی کے امکانات روشن ہوں ۔ اس ڈیپارٹمنٹ میں راقم کو پروفیسر/کو آڈینیٹر مقرر کیا گیا ہے ۔ اس ڈیپارٹمنٹ کے تحت ریاست میں اردو زبان و ادب اور کشمیری زبان و ادب پر تحقیقی اور تنقیدی کام کو "Thrust Area" کی حیثیت حاصل ہے ۔ ڈیپارٹمنٹ کی مشاورتی کمیٹی نے بھی ستمبر ۱۹۸۹ء میں منعقدہ میٹنگ میں مذکورہ تحقیقی موضوعات پر ترجیحی بنیادوں پر کام کرنے کی ضرورت پر زور دیا ہے ۔ چونکہ یہ کام بڑے پیمانے پر کرنے کی تجویز ہے جس کیلئے کافی وسائل اور وقت درکار ہے اس لئے راقم نے ایک ابتدائی کوشش کے طور پر پیش نظر کتاب مرتب کی ہے ۔ یہ ریاست میں اردو ادب اور ادبی شخصیات کا ایک جائزہ ہے ۔ اس میں تحقیقی صحت کا پورا خیال رکھا گیا ہے ۔ امید ہے آیندہ یہ کام شرح و بسط

کے ساتھ انجام دیا جائے گا۔

کتاب کا مسودہ سال گذشتہ اکتوبر میں بغرض اشاعت پبلشر کے حوالے کیا گیا تھا لیکن سیاسی حالات کی تبدیلی اور ابتری کی بنا پر اس کی اشاعت ممکن نہ ہو سکی۔

میں محترم شیخ محمد عثمان صاحب کا شکر گذار ہوں جنھوں نے کتاب کو بطریق احسن شائع کرنے کی ذمہ داری قبول کی ہے۔

پروفیسر حامدی کاشمیری

شالیمار سری نگر
کشمیر

۱۱

منظر امام

حامدی کاشمیری

ایک بازیافت

میرے نزدیک حامدی کاشمیری کی پہلی شناخت ایک تنقید نگار کی ہے. لیکن خود ان کی رائے اس سے مختلف ہے۔ ان کا خیال ہے کہ وہ پہلے شاعر ہیں' پھر تنقید نگار بہر حال اپنی جگہ یہ حقیقت ہے کہ وہ بحیثیتِ ناقد بھی انفرادیت اور امتیاز رکھتے ہیں اور بہ حیثیت شاعر بھی.

حامدی کی ادبی زندگی کا آغاز شاعری اور افسانہ نگاری سے ہوا۔ وہ ۱۹۳۲ء کے اوائل میں سرینگر میں پیدا ہوئے اور کالج کی طالب علمی کے زمانے میں ہی اٹھارہ سال کی عمر سے وہ باقاعدگی کے ساتھ ان دونوں اصناف میں اپنی تخلیقی صلاحیتوں کا مظاہرہ کرنے لگے. ۱۹۵۱ء میں ان کا پہلا افسانہ "ٹھوکر" ماہنامہ "شعاعیں" دہلی میں شائع ہوا۔ اس کے بعد سے

۱۹۶۱ء تک انہوں نے اردو کے مقبول رسالوں میں تسلسل کے ساتھ خاصی بڑی تعداد میں فسانے لکھے۔ جموں و کشمیر میں پریم ناتھ پردیسی اور پریم ناتھ در کے بعد اردو کے افسانہ نگاروں کی جو نئی نسل آئی، اس میں حامدی کاشمیری، ٹھاکر پونچھی، علی محمد لون، نور شاہ، پشکر ناتھ موہن یاور وغیرہ کے نام شامل ہیں۔ حامدی کے افسانوں کا مجموعہ "دادی کے پھول" ۵۶ء میں منظر عام پر آیا جو ۵۰ء سے ۵۵ء تک کی سولہ منتخب کہانیوں پر مشتمل تھا۔ اس مجموعے کی روشنی میں ان کی افسانہ نگاری پر ایک تفصیلی مضمون "شاعر" کے اگست ۵۸ء کے شمارے میں چھپا۔ اُس زمانے میں ان کے قاری انہیں شاعر سے زیادہ افسانہ نگار کی حیثیت سے جانتے تھے اور ان کی افسانہ نگاری نے ان کے مداحوں کا ایک بڑا حلقہ پیدا کر لیا تھا جس کی کہکشاں صنف نازک سے بنتی تھی۔ "دادی کے پھول" کے بعد ان کے افسانوں کے دو اور مجموعے "سراب" اور "برف میں آگ" کے نام سے شائع ہوئے۔ ڈاکٹر محی الدین قادری زور نے ادارۂ ادبیات اردو حیدر آباد کے زیر اہتمام کشمیر کے شاعروں اور ادیبوں کی کتابیں منظر عام پر لانے کا سلسلہ شروع کیا تھا۔ موخر الذکر کتاب اسی سلسلے کے تحت شائع ہوئی تھی جس میں پندرہ افسانے شامل تھے۔

حامدی کے افسانوں میں سماجی حقیقت نگاری کا واضح رجحان ملتا ہے۔ انہوں نے اس غریبی، بیماری، جہالت اور توہم پرستی کے حقیقی نقوش اُجاگر کرنے کی کوشش کی ہے جو اُس زمانے میں کشمیر کا مقدر تھے۔ یہ افسانے خارجیت، مقصدیت اور افادیت کے حامل ہیں۔ لیکن

ان میں تخیل آرائی جو فن کا خاصہ ہے، سے بھی خاصا کام لیا گیا ہے۔ ان افسانوں کا اسلوب بیان سادہ اور غیر پیچیدہ اور پلاٹ کی تعمیر میں فن افسانہ کے مطالبات کا خیال رکھا گیا ہے۔ زبان میں جگہ جگہ شاعرانہ رنگینی ہے۔ المیہ کی شدت کا احساس دلانے اور جذبات کو متاثر کرنے کی صلاحیت افسانہ نگار میں موجود ہے۔ حامدی کے افسانے کشمیر کی زندگی کے عکاس ہیں۔ آج کم لوگوں کو احساس ہوگا کہ اب سے تیس چالیس سال پہلے کشمیر کے نچلے طبقے کی زندگی کس بیچارگی اور کسمپرسی کا شکار تھی۔ حامدی نے اس طبقے کی زندگی کو قریب سے دیکھا، پرکھا اور محسوس کیا، اور وہ ترقی پسندانہ نقطۂ نظر سے اس ماحول کی گھٹن، مایوسی اور محرومی کو پیش کرتے رہے۔ ان کے بیشتر افسانے کسی نہ کسی نوع کے المیے پر منتج ہوتے ہیں۔ لیکن کبھی کبھی ان کے کردار اس گھٹن اور نامرادی سے نکلنے میں کامیاب بھی ہو جاتے ہیں مثلاً "کشمکش"، "اندھیروں سے روشنی تک" اور بعض دوسرے افسانوں میں۔ اس پُر مسرت انجام کے اظہار میں حامدی خود ضبطی کا مظاہرہ کرتے ہیں اور جذباتیت سے مغلوب ہوئے بغیر صرف ایک آدھ جملہ لکھ کر اس کیفیت کو ظاہر کر دیتے ہیں۔ مثلاً:

"بارش تھم چکی تھی اور آسمان پر ستارے مسکرا رہے تھے۔"

یا

"جھیل کی تھرتی لہروں کا سینہ زور زور سے دھڑکنے لگا اور فضا سے ساری دھند چھٹ گئی۔"

یونس اگاسکر نے "برف میں آگ" پر تبصرہ کرتے ہوئے کہا تھا:

"حامدی کاشمیری کی زیادہ تر کہانیوں کا موضوع انسانوں کی جذباتی کشمکش اور ان کے خوابوں کی شکست کا المیہ ہے جسے انہوں نے نئے نئے ڈھنگ سے افسانوی قالب میں ڈھالا ہے اس کوشش میں بعض افسانے فنی طور پر خاصے اونچے اٹھ گئے ہیں"۔

کہانیوں کے ساتھ ساتھ حامدی کاشمیری ناول بھی لکھتے رہے۔ یہ ناول بھی اپنے موضوع اور اسلوب کے اعتبار سے ان کے افسانوں سے مماثل ہیں۔ البتہ واقعات کا بیان ایک بڑے کینوس پر ہوا ہے جیسا کہ ناول کے فن کا تقاضہ ہے۔ پانچ چھ سال کے عرصے میں ان کے چار ناول "بہاروں میں شعلے، پگھلتے خواب، اجنبی راستے" اور "بلندیوں کے خواب" زیور طبع سے آراستہ ہوئے۔ ان ناولوں میں کشمیر کے عوام کی معاشرتی، سیاسی اور مذہبی زندگی کے نشیب و فراز کو پیش کیا گیا ہے۔ حامدی کے پہلے ناول "بہاروں میں شعلے" پر اظہارِ خیال کرتے ہوئے عبدالقادر سروری نے لکھا ہے:

"اس ناول میں زندگی کے وسیع تر پہلو آ گئے ہیں اور حامدی صاحب کو اپنے فن کے خدوخال دکھانے کا موقع مل کر ملا ہے"۔

ان کا دوسرا ناول "پگھلتے خواب" جسے ادارہ "بیسوی صدی" نے شائع کیا تھا۔ میری رائے میں ان کا سب سے اچھا ناول ہے۔ اس ناول میں کشمیر کے متوسط طبقے کے مسائل کا اظہار

فنکارانہ پختگی کے ساتھ ہوا ہے اور ایک خاص دور کی طبقاتی زندگی کی سماجی، سیاسی اور جنسی پیچیدگیوں کی تصویریں نمایاں ہوئی ہیں۔ ناول کی دلچسپی بھی شروع سے آخر تک برقرار رہتی ہے پلاٹ کا تانا بانا خوبصورتی سے بُنا گیا ہے اور کردار مصنوعی نہیں بلکہ حقیقی زندگی سے لیے ہوئے ہیں۔ عبدالقادر سروری اردو میں اچھے ناولوں کی کمی کے پیش نظر اسے ایک کارنامہ قرار دیتے ہیں۔

۱۹۶۱ء تک حامدی کی تخلیقی سرگرمیوں کا محور فکشن تھا یعنی افسانہ اور ناول۔ لیکن اس دوران وہ اپنے دل کی واردات شعر کی زبان میں بھی ادا کرتے رہے اور انہوں نے اپنے کلام کا ایک مجموعہ "عروس تمنا" کے نام سے ۱۹۶۱ء میں پیش بھی کر دیا۔ لیکن انہیں شعر گوئی سے زیادہ افسانہ نگاری اور ناول نویسی سے رغبت رہی۔ وہ خود "عروس تمنا" کے دیباچے میں اعتراف کرتے ہیں کہ:-

"حقیقت یہ ہے کہ نثر لکھنے کے ساتھ ساتھ کبھی کبھی شعروں میں اپنے احساس کی دھڑکنیں سموتا رہا ہوں... تخلیق شعر میں نے اپنی مستقل عادت نہیں بنائی ہے۔"

حامدی کاشمیری کی ابتدائی شاعری رومانویت، فطرت پرستی اور سماجی احساس کی پروردہ ہے۔ مجموعے کے نام سے اندازہ ہوتا ہے کہ ان کی تمنا ناکام نہیں رہی اور انہیں جلوہ گاہوں سے نامراد نہیں لوٹنا پڑا۔ لیکن ان کا کلام محض اس صورت حال کی غمازی نہیں کرتا۔ ان کی رومانی شاعری یاس اور انتظار اور محرومی سے ہی شروع ہوتی ہے۔

یقیں نہ آئے تو خود پوچھ ماہ و انجم سے
مری نظر کو ترا انتظار آج بھی ہے
کسی کے دل میں نہیں شمہ بھر بھی مہر و وفا
غلط کہ کوئی محبت شعار آج بھی ہے

اور پھر محرومی سے آسودگی تک کا سفر کرتی ہے ؎

میرے پاس آئی ہو تم پیار کی دنیا لے کر
زندگی خواب کی تعبیر ہوئی جاتی ہے

اور ؎

دل میں لہراتی ہے خوابوں کی حسیں قوس قزح
مسکراتے ہیں نگاہوں میں تمنا کے کنول

حامدی کی اس دور کی نظموں پر ترقی پسندانہ طرزِ فکر کا اثر بھی نمایاں ہے ؎

ابھی نہ دے مجھے اے دوست! دعوتِ عشرت
سُلگ رہی ہے مرے دل میں آتشِ آلام

اور ؎

افق پہ چھائی ہوئی تیرگی کہ امن سے
مجھے یقین تھا ابھرے گی تابناک سحر

اور آج ہم جسے سمجھے ہیں صبحِ نو اے دوست!
یہ صبحِ نو ہے حقیقت میں اک فریبِ نظر

غالباً اسی لیے اعجاز صدیقی نے انہیں "زندگی پرست شاعر" کہا تھا۔

ڈاکٹر محی الدین قادری زور نے حامدی کاشمیری کے افسانوں اور "عروس تمنا" کی شاعری کے مطالعے کے بعد اپنی رائے اس طرح دی تھی:

... (حامدی کاشمیری) کشمیر کے جدید اردو ادب کی رنگا رنگ شخصیت ہیں۔ وہ افسانہ نگار سے بڑھ کر شاعر ہیں اور شاعر سے بڑھ کر افسانہ نگار۔"

حامدی کاشمیری کی ادبی زندگی کا پہلا دور ۱۹۶۲ء پر ختم ہو جاتا ہے۔ حامدی اپنے تیز گام سفر کی مقبولیت اور شہرت سے مطمئن نہیں ہوئے۔ ادب کا منظر نامہ بدل رہا تھا اور خود حامدی کے قول کے مطابق ان پر اجتماعی تصورات و عقائد کی بے معنویت واضح ہونے لگی تھی "اب وہ خارج سے باطن کی جانب گامزن ہوئے۔ "فکشن سے قطعی طور پر دست بردار" ہو گئے، اور انہوں نے اپنی ساری تخلیقی قوتیں شاعری پر مرتکز کر دیں۔ حامدی نے اپنے مضمون "میرا تخلیقی سفر" میں لکھا ہے:

"(۱۹۶۰ء کے بعد) ... میرے رویوں میں بنیادی تبدیلی آنے لگی۔ میں نظریات کی ملمع کاری کو محسوس کر کے وجودی خیالات

کی اصلیت کے قریب آنے لگا اور مکاشفانہ آگہی سے حقائق کا ادراک کرنے لگا۔۔۔"

"منصوبہ بند موضوعیت سے کنارہ کشی" کے باعث انہوں نے ایسی غزلوں اور نظموں کی تخلیق کی جو اپنی پُراسراریت، مجرد فضا آفرینی اور آزاد لسانی تجسیم کاری کیلئے لائق توجہ ہیں۔

حامدی کا دوسرا شعری مجموعہ "نایافت" جو "عروس تمنا" کی اشاعت کے پندرہ سال بعد ۱۹۷۶ء میں منظر عام پر آیا، ایک بالکل نیا ذائقہ رکھتا ہے۔ "عروس تمنا" اور "نایافت" کے شاعر میں کہیں کوئی نقطۂ اشتراک نہیں۔ "نایافت" کے دیباچے میں حامدی نے بڑے پتے کی بات کہی ہے۔ یہی ان کا وہ شعری موقف ہے جس پر وہ آج تک قائم ہیں:

"شعری تخلیق خود اپنی منفرد خصوصیات کی مظہر ہوتی ہے۔ وہ لفظ و پیکر کی تجسیمی شکل میں تجربے کی ایک تکمیل یافتہ اور خود مکتفی اکائی ہوتی ہے اور قاری کو اپنے اندر چھپے ہوئے نادیدہ، دلفریب اور پُراسرار جہانوں کو دریافت کرنے کی ترغیب دیتی ہے۔ قاری کو بالکل اسی طرح تلاش و دریافت کے عمل سے گذرنا پڑتا ہے جس طرح شاعر گذرا ہے۔۔۔۔"

"نایافت" روشِ عام سے الگ ہونے کی ایک کوشش ہے۔ محمود سیدی نے اس پر "تحریک" میں تبصرہ کرتے ہوئے لکھا:۔

" جدید شاعری میں آوازوں کا جو تنوع نظر آتا ہے
اس کی ایک تازہ مثال کے طور پر "نایافت" کو پیش کیا جا سکتا ہے
جس کے اشعار میں کسی ہمعصر شاعر کی صدائے بازگشت آپ کو سنائی
نہ دے گی۔"

حامدی کا تیسرا مجموعہ "لاحرف" ۱۹۸۴ء کے اوائل میں اشاعت پذیر ہوا۔ ہر چند اس کی ترتیب ۱۹۸۲ء کے اواخر میں ہی مکمل ہو چکی تھی۔ "لاحرف" دراصل "نایافت" ہی کا تسلسل ہے اور حامدی کے شعری معتقدات پر مُہر ثبات ثبت کرتا ہے۔

حامدی کاشمیری کی شاعری کا سفر پیکریت اور تجسیم کی جانب ہے۔ ان کے یہاں ایک ایسی طلسماتی فضا ملتی ہے جو بیک وقت استعجاب انگیز بھی ہے اور دہشت خیز بھی۔ یہ شاعری تجسس، تحیر اور خوف زدگی سے عبارت ہے۔ حامدی کی شعری شخصیت دوسرے شعراء کے تخلیقی رویوں سے ٹکراتی نہیں بلکہ ان سے الگ ضرور ہونا چاہتی ہے۔ اسی لیے وہ اپنے شخصی تجربات اور ان کے اظہار کیلیے الفاظ کے انتخاب میں دوسروں سے متمیز ہونے کی سعی کرتے ہیں۔ ان کے یہاں الفاظ کا جدلیاتی انداز نمایاں ہے۔ لفظیات کے نئے معنوی ابعاد کی تلاش و دریافت کا عمل انہیں کہیں کہیں غیر رسمی الفاظ کو بھی برتنے کی ترغیب دیتا ہے۔ ممکن ہے ان کا یہ اظہاری رویہ شعری تاثر پر اثر انداز بھی ہوتا ہو لیکن اس سے ان کے شعری مظاہر ایک نئے ذائقے سے ہمکنار بھی ہوتے ہیں۔

۲۰

حامدی کاشمیری نے اپنے تیسرے مجموعۂ کلام "لاحرف" کی ابتدا میں ہی آرکی بالڈ میکلیش کی دو لائنیں نقل کی ہیں جن کا مفہوم ہی یہ ہے کہ نظم کو "بے الفاظ" (wordless) ہونا چاہیے۔ الفاظ کو بے لفظی عطا کرنے کی کوشش حامدی کی شاعری میں جا بجا ملتی ہے یا جیسا کہ انہوں نے "لاحرف" کے آغاز میں "عرضِ حال" کے عنوان سے اپنی شاعری کا موقف بیان کرتے ہوئے کہا ہے :-

"الفاظ کا جو بے دردانہ اور مجہولانہ استعمال اردو شاعری میں ملتا ہے شاید ہی کسی اور زبان کی شاعری میں ملتا ہو۔ اس افسوس ناک صورتِ حال کی بنا پر میں نے ایسے الفاظ کا انتخاب کیا ہے جو میرے تجربوں کی لسانی تشکیل کی ممکنہ صلاحیت کو بروئے کار لا سکیں"۔

کچھ اسی نوع کے خیال کا اظہار وہ "نایافت" کے دیباچے میں بھی کر چکے ہیں :

"میں نے بھی زبان کو اپنے داخلی تجربات سے ہم آہنگ کرنے کے لیے حسبِ ضرورت انحرافات سے کام لیا ہے"۔

لسانی تشکیل کا مسئلہ بڑا پیچیدہ ہے۔ لسانی تشکیل کے نام پر اکثر شاعروں کے یہاں زبان کی بڑی عجیب و غریب صورتِ حال پیدا ہوئی ہے ایسے شاعروں کا نام لینے کی ضرورت نہیں، کیونکہ اردو ادب کا سنجیدہ قاری ان سے واقف ہے۔ حامدی نے لسانی تشکیل کو اتنا بڑا مسئلہ نہیں بنایا۔ لیکن الفاظ کو ایک مختلف سطح پر برتنے کی سعی ضرور کی ہے اور وہ اس پل صراط

سے بیشتر بہ سلامت گذرے ہیں ۔

اس صداقت کا اعادہ غیر ضروری ہے کہ آج کی نسل کے مسائل پچھلی نسل یا نسلوں کے مسائل سے مختلف ہیں ۔ آج کی نسل کے مزاج کی تشکیل کئی متضاد اور متخالف عناصر سے ہوئی ہے جرأت اور بزدلی، صداقت اور دروغ، ایمان داری اور فریب کاری، جوش اور بے دلی ہمارے معاشرے کے تضادات کا اظہار ہیں۔ صنعتی تہذیب کی حشر سامانیوں نے ہمارے جذباتی اور نفسیاتی نظام کو درہم برہم کر دیا ہے اور امید و یقین کی جگہ تشکیک اور بے یقینی نے لے لی ہے ۔ منافقت کا دور دورہ ہے ۔ بڑی حقیقتیں اور اعلیٰ اخلاقی قدریں ریزہ ریزہ ہو کر بکھر گئی ہیں ۔ ہماری نئی یا جدید شاعری میں اس صورتِ حال کا اظہار نئی جہتوں سے ہوا ہے حامدی کاشمیری کی شاعرانہ شخصیت حساس، سنجیدہ اور مفکرانہ ہے ۔ ان کی شاعری میں موجودہ دور کی قیامت خیزیوں کا اظہار ایک مختلف زاویے سے ہوا ہے ۔ وہ الفاظ کی معنوی تہہ داری کو بروئے کار لاتے ہیں ۔ ان کی علامتی اور استعاراتی لفظیات کا جائزہ لیں تو جہاں ان کے شعور کی دہشت ناکی سے فطرت کے بعض مظاہر کی صورت منقلب ہوتی ہے ۔ وہیں رنگوں سے ان کی مناسبت اور ان کی علامتی معنویت بھی ظاہر ہوتی ہے ۔ "نایافت" کے یہ چند اشعار ملاحظہ کیجیے ۔

ہیں برگ و شاخ پہ کالے سوال رات گئے
کبھی تو دیکھو درختوں کا حال رات گئے

ساگر کالی چپ
ساحل ہے کہرام

میری جانب سیاہ ہاتھ بڑھے
سائے پتوں کے ہو رہے تھے دراز

شہر کی سڑکوں پہ یہ گھومتے کالے جنگل
گھیر لیں مجھ کو بہر سمت تو پھر کیا ہوگا؟

مرے خواب ڈھونڈتے ہو کہاں
کالے ملبے سے اٹھ رہا ہے دھواں
کر گئے دفن کالے سایوں میں
تنگ گلیوں کے زرد بوڑھے مکاں

وہ ہنستے گاتے گھرانے کہیں نہ پاؤ گے
قدم قدم وہی پھیلا غبار ہے لوگو!

۲۳

یک بیک چیخ اٹھے چار دشاؤں کا سکوت
زرد دن میں کبھی ایسا ہو تو پھر کیا ہو گا؟

ان اشعار میں دو رنگ — سیاہ/ کالا اور زرد/ پیلا — بار بار اپنی جھلک دکھاتے ہیں۔ سیاہ دہشت خیزی اور خوفناکی کی علامت ہے اور زرد مایوسی اور محرومی کی۔ موجودہ دور کے مزاج کو رنگوں کی مناسبت سے پیش کرنے میں حامدی نے خاصی کاوش کی ہے اور یہ ان کی شاعری کا ایک نمایاں رجحان بن گیا ہے۔

آج کا انسان جس غیر محفوظیت، وحشت اور خوف کا شکار ہے اس کا ذکر حال کی شاعری میں عام ہے۔ حامدی کے یہاں بھی یہ موضوعات ہیں لیکن ان کا اظہار وہ اس طرح کرتے ہیں کہ یہ موضوعات تازہ دم ہو جاتے ہیں۔ ان کے مجموعے "لاحرف" کے یہ اشعار دیکھیے ؎

روکو نہ میرا راستہ سرسبز جنگلو!
میں دست و پا شکستہ ہوں، پیچھے غنیم ہے

میرے محافظو! خنجر بکف رہو شب بھر
سُنا نہیں، وہی آواز آئی باہر سے

سبھوں نے بند کیے اُن پر اپنے دروازے
خبر یہ سب کو تھی، لوٹ آئے تھے سمندر سے

دہشت اور خوف سارے احساس پر محیط ہے، زندگی غیر محفوظ ہے اور اسے بچانے رکھنے کیلیے انجانے راستوں کی طرف بھاگتے جانا ہے۔ لیکن کیا غنیم پیچھے ہی ہے؟ کیا وہ آگے سے وار نہیں کر سکتا؟ کیا ان اشعار میں سیاسی مضمرات کی تلاش نہیں کی جا سکتی؟ حامدی جانتے ہیں کہ عصری حسیت کا منظوم بیان شاعری نہیں ہے۔ ان کی شاعری تحیر و تجسس اور خوف و ہراس کے جو مناظر پیش کرتی ہے، اس کی نوعیت تخلیقی ہے اور باطن کے اضطراب کی پروردہ ہے۔

حامدی کی ایک غزل کے یہ اشعار ملاحظہ کیجیے۔ زبان سادہ ہے لیکن زبان کی اوپری ساخت پر نہ جائیے۔ شاعری کی زبان میں داخلی ساخت بلکہ کبھی کبھی کئی داخلی ساختیں بھی ہوتی ہیں ذیل کے اشعار تہہ در تہہ معنویت لئے ہوئے ہیں ؎

یہ وقوعے تو آسماں کے ہیں
سانحے اور جسم و جاں کے ہیں
آج انہیں پہلی بار دیکھا ہے
کون ہیں یہ، بھلا کہاں کے ہیں
دونوں پاتال میں مقید ہیں
دو ہی کردار داستاں کے ہیں

سایہ سایہ ہے اژدہا صورت

کیا یہ آثار اسی جہاں کے ہیں؟

کیا یہ ماضی کے ویران کھنڈروں کی بے تاب روحیں ہیں؟ یا وہ گوشت پوست کے ایسے پیکر ہیں جو گذرے ہوئے زمانوں کے دھندلکوں میں محو خرام ہیں؟ حامدی اس طرح کے سوالات کو "بے جواب" چھوڑ دیتے ہیں۔ اب یہ قاری پر منحصر ہے کہ وہ ان سوالات کے جواب اپنی ذہنی مناسبت سے تلاش کرے یا شاعر کی بنائی ہوئی پُراسرار راہوں پر بھٹکتا پھرے۔ اس لئے میں سمجھتا ہوں کہ حامدی کاشمیری ان دھندلکوں کے شاعر ہیں جو شعری تخلیق کو طلسمی رنگوں سے آباد کرتے ہیں۔

بلراج کومل نے حامدی کاشمیری کی نظموں کے تعلق سے کہا ہے کہ یہ :

"۔۔۔ نام اور عنوان کی تشریحات سے اکثر گریز کرتی ہیں۔
جزیات و کیفیات و تفصیلات کا انتہائی کفایت سے استعمال کرتی ہیں
اور تیرہ پیکروں کو "شعلہ رنگ" کرنے کیلئے معروف کار نظر آتی ہیں۔"

بلراج کومل، حامدی کی شاعری پر عمومی تبصرہ کرتے ہوئے کہتے ہیں کہ :

"وہ عصری حقیقتوں کو جذب کرنے کے باوجود انسان کی بنیادی جبلتوں اور عناصر کی آمیزشوں کے شاعر ہیں۔ فطرت کو اس کے ان گنت رنگوں میں دیکھتے ہیں اور بصری، حسی تجربوں میں سے گذرتے ہوئے

لفظ و معنی کے ماورائی آفاق تلاش کرتے ہوئے دکھائی دیتے ہیں۔"

حامدی کاشمیری نادیدہ اور نادرہ کار پیکروں کو خلق کرنے کی غیر معمولی قوت رکھتے ہیں اور اردو کے نئے شعراء میں پیکریت ان کا نشانِ امتیاز بن گیا ہے۔

حامدی کاشمیری کے اس بیان سے مجھے پوری طرح اتفاق ہے کہ "ہر عہد میں شعر شناسی صرف چند ہی لوگوں کے حصے میں آتی ہے"۔ انہوں نے "لاحرف" میں "عرضِ حال" کا اختتام غالب کے ایک مشہور فارسی شعر سے کیا ہے ؎

دور باش لز ریزہ ہائے استخوانم اے ہما!
کایں بساطِ دعوتِ مرغانِ آتش خوار است

وہ شعر شناس جو "مرغانِ آتش خوار" کے زمرے میں آتے ہیں، خال خال ہیں۔ حامدی نے شاعری کی جو بساط سجائی ہے اسے "مرغانِ آتش خوار" ضرور ملیں گے۔ حامدی کاشمیری مقبولیت کے نہیں بلکہ تحسین شناسی کے طالب ہیں جسے اب زیادہ دیر تک ٹالا نہیں جا سکتا۔

"جدید اردو نظم اور یورپی اثرات" حامدی کاشمیری کا تحقیقی مقالہ ہے جو ڈاکٹریٹ کیلئے لکھا گیا تھا۔ حامدی نے اردو میں ایم۔اے کرنے سے پہلے انگریزی میں ایم۔اے کیا اور اردو کے استاد ہونے سے پیشتر انگریزی کے استاد رہے ہیں۔ اس لئے "جدید اردو نظم پر یورپی اثرات" کا سراغ لگانے میں ان کے انگریزی ادبیات کے مطالعے سے بڑی مدد ملی ہوگی اور میں سمجھتا ہوں کہ اسی سراغ رسانی" کے دوران انہیں یورپ اور امریکہ کے ان فکری اور تخلیقی سرچشموں تک بھی

رسائی حاصل ہوئی جن سے عصری اور نئی حسیت کے باب روشن ہوئے اور انہوں نے اپنی کتاب "نئی حسیت اور عصری اردو شاعری تصنیف کی۔ اپنے تحقیقی مقالے پر وہ آل احمد سرور، شمس الرحمان فاروقی اور کرامت علی کرامت جیسے ناقدین سے خراج تحسین وصول کر چکے ہیں۔

میرا قیاس ہے کہ باقاعدہ تنقید نگاری کی طرف حامدی کی توجہ اس زمانے میں ہوئی جب وہ منصبی مجبوریوں کے تحت اپنا پی۔ ایچ۔ ڈی کا مقالہ لکھ رہے تھے۔ اس دوران انہیں تحقیق و تنقید کے جن مراحل سے گذرنا پڑا وہ انہیں ایک نئے میدان کی شہسواری کی طرف راغب کر گئے۔ اپنے تحقیقی مقالے کی تیاری کے دوران ہی انہیں مغرب کے نئے افکار و نظریات سے ذہنی قربت پیدا ہوئی۔ اتفاق سے یہ وہی زمانہ ہے جب اردو ادب میں بھی جدیدیت کی خوشبو پھیل رہی تھی اور ادب ایک نئے ذائقے سے آشنا ہو رہا تھا۔ پانچویں دہائی میں ترقی پسند ادب جس یکرنگی اور سطحیت کا شکار ہو چکا تھا اس کا فطری تقاضا تھا کہ ادب ایک نئی نہج اختیار کرے۔ اس کیلئے فضا بندی پانچویں دہائی کے نصف آخر میں ہی ہونے لگی تھی لیکن چھٹی دہائی میں اس کے خد و خال نمایاں ہوئے۔

حامدی کے ناقدانہ وقار کو بڑھانے میں ان کے خصوصی مطالعوں کا خاصا دخل ہے۔ میں اسے ان کا کارنامہ سمجھتا ہوں کہ انہوں نے میر، غالب، اقبال اور ناصر کاظمی کے فنی اور تخلیقی رویوں سے متعلق مستقل کتابیں تصنیف کیں۔ اردو کے کسی اور ناقد کا نام فوری طور پر میرے ذہن میں

نہیں آرہا ہے جس نے کسی چار بڑی ادبی شخصیت کے فن پر مستقل کتابیں لکھی ہوں۔ میر، غالب اور اقبال تو بہ اختلاف رائے اردو شاعری کے تین اہم ستون ہیں ہی، پھر تقسیم کے بعد یعنی گذشتہ کم و بیش چالیس سال کے دوران اردو کی ہمعصر غزل کی شناخت ناصر کاظمی سے ہی ہوئی ہے جہاں تک مجھے علم ہے ناصر کاظمی پر کوئی باقاعدہ کتاب پاکستان میں بھی نہیں لکھی گئی۔ کلیم الدین احمد کو اردو کے ناقدین سے عموماً اور آل احمد سرور اور احتشام حسین سے خصوصاً یہ شکایت رہی کہ انہوں نے تنقیدی مضامین ہی لکھے، کوئی مستقل کتاب تصنیف نہیں کی..... کلیم الدین احمد یہ کہنا چاہتے تھے کہ مستقل تصنیف کے بغیر کوئی ناقد بلند مرتبے پر فائز نہیں ہو سکتا۔ حامدی کاشمیری اس لحاظ سے خصوصی اہمیت اختیار کر لیتے ہیں۔

حامدی نے کشمیری زبان کے شاعروں مقبول کرالہ واری اور دلسوز کاشمیری پر بھی دو چھوٹے چھوٹے مونوگراف لکھے ہیں۔ حامدی کی دو مستقل تصانیف "جدید اردو نظم اور یورپی اثرات" اور "نئی حسیت اور عصری اردو شاعری" کا ذکر پہلے ہو چکا ہے۔ انہوں نے اردو کے بلند پایہ اور اہم شاعروں کے الگ الگ مطالعے کا آغاز اپنی کتاب "غالب کے تخلیقی سرچشمے" سے کیا۔ غالب پر بہت کچھ لکھا گیا ہے لیکن حامدی نے چند نئے زاویوں سے اور خصوصاً نفسیاتی زاویے سے غالب کے کلام کا جائزہ لیا ہے۔ یہ کتاب تین ابواب پر مشتمل ہے اور فکر انگیز عنوانات "جوہر اندیشہ، شہر آرزو" اور "آشوب آگہی" کے تحت یہ کھوج لگانے کی کوشش کی گئی ہے کہ غالب کے تخلیقی سرچشمے ان کے لاشعور کے کن پُراسرار

گوشوں سے پھوٹتے ہیں۔ اس طرح یہ کتاب غالب کے ذہنی محرکات پر سیر حاصل تبصرے کی صورت اختیار کر گئی ہے۔ یہی وجہ ہے کہ عبد القادر سروری نے ڈاکٹر کرامت علی کرامت اور ڈاکٹر محمد حسن نے اسے غالبیات میں ایک اہم اور قابل قدر اضافہ قرار دیا ہے۔ حامدی نے غالب کے محاکمے میں ادبی تنقید کے تازہ ترین اصولوں سے اپنی واقفیت کا ثبوت بہم پہنچایا ہے۔ اس کا اعتراف آل احمد سرور بھی کرتے ہیں۔

" خصوصی مطالعوں میں حامدی کی کتاب "اقبال اور غالب" بھی انفرادی شان رکھتی ہے دونوں شاعروں کی شعری حسیت کے تخلیقی محرکات کا یہ مطالعہ اردو میں نیا ہے" ڈاکٹر یوسف حسین خان اسے نئے انداز کی کتاب کہتے ہیں اور ڈاکٹر گوپی چند نارنگ دونوں شاعروں کے اس طرز کے تقابلی مطالعے کو اچھوتا قرار دیتے ہیں۔ دراصل یہ غالب اور اقبال دونوں کا پہلو بہ پہلو مطالعہ بھی ہے اور انفرادی مطالعہ بھی۔ غالب پر سو صفحات میں اور اقبال پر ۵۰ صفحات میں مدلل بحث کی گئی ہے اور بڑی حد تک تنقید کے اس نئے تفاعل سے استفادہ کیا گیا ہے جو خود حامدی کا وضع کردہ ہے اور جسے بعد میں انہوں نے اکتشافی تنقید کا نام دیا۔

حامدی نے میر کے مطالعے کو " کارگہ شیشہ گری " کا اور اقبال کے مطالعے کو "حرف راز" کا نام دیا ہے۔ یہ عنوانات ان دونوں شعراء کے کلام سے ہی اخذ کئے گئے ہیں اور دونوں شاعروں کے مزاج اور تخلیقی عمل کی تفہیم کیلئے فوری طور پر ذہن کو متحرک کرتے ہیں گویا حامدی نے ان تین شاعروں پر تین نہیں بلکہ چار کتابیں لکھی ہیں۔ "ناصر کاظمی کی شاعری" ایک

الگ نسبتاً مختصر کتاب ہے لیکن ناصر کی شاعری پر بھی انہیں اصولوں کی روشنی میں تجزیاتی عمل کیا گیا ہے جن پر "نئی تنقید" اصرار کرتی ہے۔ حامدی نے اپنی تنقیدوں میں جس تجزیاتی انداز کو اپنایا ہے وہ اردو میں نایاب نہیں تو کم یاب ضرور ہے۔

ان مستقل تصانیف کے علاوہ حامدی کے تنقیدی مضامین کے دو مجموعے بھی ہیں۔ ایک "امکانات" اور دوسرا "تفہیم و تنقید" جو مکتبہ جامعہ کے زیر اہتمام شائع ہوا ہے ان مجموعوں میں بھی میرؔ، غالبؔ اور اقبالؔ پر مضامین ملتے ہیں۔ ایسا لگتا ہے کہ حامدی ان شعراء پر لکھتے ہوئے کبھی نہیں تھکتے۔ ان کے علاوہ انہوں نے شاعروں میں نظم طباطبائی، حسرتؔ، فانیؔ، فراقؔ، فیضؔ، راجہ مہدی علی خاں، مجروحؔ، قتیلؔ شفائی اور افسانہ نگاروں میں پریم چند، منٹو اور کرشن چندر پر بھی اظہار خیال کیا ہے۔ دو مضامین میں میراجی اور کلیم الدین احمد کے شعورِ نقد سے بحث کی گئی ہے۔ کچھ مضامین نئی نظم، نئی غزل اور نئی تنقید سے متعلق ہیں۔ موضوعات کے اعتبار سے ان مضامین کا تنوع فوراً دامنِ توجہ کھینچتا ہے۔

حامدی کاشمیری اپنے تنقیدی موقف میں بہت واضح رویہ اختیار کرتے ہیں۔ انہوں نے بار بار اس خیال کا اعادہ کیا ہے کہ شاعر کے تخلیقی ذہن تک رسائی محض اس کی حقیقی زندگی، ماحول اور عہد کی ترجیحات کا محاکمہ کر کے نہیں حاصل کی جا سکتی۔ دراصل شاعر کی داخلی شخصیت کے ازلی تخلیقی سرچشموں کا کھوج لگانا ہی تنقید کا فریضہ ہے۔ ان کے خیال میں اوّل الذکر نوع کی تنقید نظری زیادہ اور علمی کم ہے۔ اس طریقِ نقد کے علم برداروں کے بارے میں حامدی

کی رائے ہے کہ وہ طویل مباحث پیش کرنے کے باوجود فن پارے کے قریب نہ آسکے اور فن کی ماہیت کا ادراک کرنے کی بجائے ان کی تاویلات میں کھو گئے ۔ اس نوع کی نظری تنقید کو جب زوال ہوا تو ہمارے یہاں نفسیاتی، لسانی، اسطوری اور ہیئتی تنقید کو مشعل راہ بنایا گیا ان میں ہیئتی تنقید کو زیادہ فروغ حاصل ہوا۔ اس رجحانِ تنقید کے مؤیدین کے نزدیک فن پارہ ایک ناقابلِ تقسیم نامیاتی وجود ہے اور اسے موضوع اور ہیئت کے الگ الگ خانوں میں تقسیم نہیں کیا جاسکتا۔ چنانچہ تخلیق کا محاکمہ اور تجزیہ اس کے بنیادی خیال، اس کی ساخت، آہنگ، وزن، لفظ، تشبیہ و علامت کی روشنی میں کرنا چاہیے۔ کیونکہ انہیں ذرائع اظہار کے مکمل ادغام سے تخلیق ایک نئی وحدت میں ڈھل کر شعری ہیئت اختیار کرتی ہے۔ ہیئتی تنقید جسے عام طور پر نئی تنقید بھی کہا گیا ہے، کے مؤیدین کے خیال میں تخلیقی عمل لازمی طور پر کسی خارجی تحریک کا محتاج نہیں ہوتا اور اگر یہ تحریک ہو بھی تو محض تحریک ہوتی ہے اور اصل اہمیت اس کلی تجربے کو حاصل ہوتی جو خارجی تحریک سے نمو پذیر ہوتا ہے اور بالیدگی پاتا ہے۔

حامدی کی ابتدائی تنقیدی کاوشیں شکاگو سکول کے ہیئتی طرز نقد کے تحت ہی پروان چڑھیں۔ لیکن ان کے ذاتی غور و فکر نے انہیں اس طرزِ نقد سے بے اطمینانی بخشی۔ جب انہوں نے میر کا مطالعہ "کارگہ شیشہ گری" کے نام سے پیش کیا تو انہوں نے اپنی تنقیدی فکر کے نتائج کو ایک شکل دینے کی کوشش کی اور ہیئتی تنقید یا نئی تنقید کی محدودیت اور کمزوریوں کی نشان دہی کرتے ہوئے تفصیل کے ساتھ اپنے وضع کردہ نظریۂ نقد پر روشنی ڈالی جو

انہوں نے اکتشافی تنقید سے موسوم کیا اور کہا کہ "اس نوع کی تنقید کی ضرورت اور اہمیت کا احساس اردو ہی کیا یورپی زبانوں میں بھی تقریباً ناپید ہے"۔ اس موقف کا فوری ردعمل ڈاکٹر محمد حسن کی جانب سے ظاہر ہوا جب انہوں نے اس کتاب پر "عصری ادب" میں تبصرہ کرتے ہوئے اسے "خانہ ساز نظریۂ تنقید" سے تعبیر کیا۔ شمس الرحمان فاروقی نے اکتشافی تنقید اور تاثراتی تنقید میں حدِ فاصل قائم کرنے میں دشواری محسوس کی۔ حامدی کاشمیری نے اس نوع کے ردعمل کو ایک چیلنج کے طور پر قبول کیا اور اپنے نظریۂ تنقید کو دلائل کے ساتھ پیش کرتے ہوئے ایک مفصل کتاب بعنوان "معاصر اردو تنقید" "نئے تناظر میں" تحریر کی جو زیر اشاعت ہے۔

اکتشافی تنقید کی وضاحت کرتے ہوئے حامدی کہتے ہیں کہ ہماری بیشتر معاصر تنقید کسی نہ کسی طرح ہیئتی تنقید کے ذیل میں آتی ہے جو بالآخر دوسرے مروجہ مکاتیب تنقید (مارکسی، ثقافتی، نفسیاتی وغیرہ) کی طرح موضوع یا معنی کی شناخت پر زور دیتی ہے اس کا مطمح نظر بھی معانی کی تعیین ہوتا ہے۔ چنانچہ حامدی کے خیال میں آج کے کچھ اہم نقاد شمس الرحمان فاروقی، مغنی تبسم، وارث علوی وغیرہ ہیئتی تنقید کے استفادہ کرتے ہوئے معانی کی تشخیص و تحسین تک ہی پہنچتے ہیں جبکہ ان کا (حامدی کا) سفر یہاں سے شروع ہوتا ہے۔ ان کا کہنا ہے کہ فن پارہ ایک قائم بالذات لسانی وجود ہے اور اس کی لسانی باریکیوں (لفظ، موسیقی، ردیف، قافیہ، امیجری، فعلیہ حالت) کا مطالعہ اس مقصد کے تحت ہونا چاہیے کہ ہم تخلیق کے باطنی تجربے سے رابطہ قائم کر سکیں۔ حامدی کی نظر میں تخلیق کی اہمیت اس بات میں پوشیدہ نہیں کہ اس میں کوئی بڑا خیال،

تصور یا مشاہدہ پیش کیا گیا ہے' بلکہ اس میں ہے کہ فن کار اپنی تخلیقی قوتوں کی بنا پر ایک طلسمی یا تخیلی صورت حال خلق کرتا ہے جو جمالیاتی لطف اندوزی پر منتج ہوتا ہے اس لئے اس خیالی یا طلسمی تجربے تک رسائی حاصل کرنا اور اس کی نقاب کشائی کرنا تنقید نگار کا فریضہ ہے ۔ یہ کام فن پارے کے لسانی نظام کے بہت ہی باریک اور تجزیاتی مطالعے سے ہی ممکن ہے ۔ جو ایک نقاد کا کام ہے' قاری کا نہیں ۔ نقاد پر البتہ یہ فرض عائد ہوتا ہے کہ وہ ہوش مند اور باذوق قاری کو تخلیق کے ایک ایک لفظ کے تلازمی اور علامتی امکانات سے روشناس کرائے اور اسے تخلیق کے باطنی تجربے کے سامنے لا کھڑا کرے تاکہ وہ بھی تخیلی تجربے سے حیرت اور مسرت یا دیگر جذبات و احساسات سے دوچار ہو جو فن کا منتہائے مقصد ہے ۔ رہا یہ سوال کہ تخلیق کے معانی و مطلب یا موضوع یا زندگی سے اس رشتے کی کیا اہمیت ہے ؟ تو اس کے بارے میں حامدی یہ کہتے ہیں کہ یہ دراصل فن کا تعبیراتی اور مقصدی عمل ہے جسے ایک درسی طریق کار کہنا چاہیئے ۔ اگر کسی فن پارے کے معانی کا تجزیہ کیا جائے تو یہ تنقید کا ایک ضمنی کام ہوگا ۔

حامدی کا یہ نظریۂ نقد اردو میں بالکل نیا اور منفرد ہے ۔ یہ ان کا معمولی کارنامہ نہیں کہ انہوں نے ایک جدید تر نظریۂ تنقید وضع کیا ہے ۔ ڈاکٹر انور سدید نے صحیح کہا ہے کہ " ڈاکٹر حامدی کاشمیری تنقیدی روشنی سے دستیاب اجالے میں سفر نہیں کرتے ۔"

حامدی کاشمیری کی تنقید نگاری پر تبصرہ کرتے ہوئے ان کے مرتب کردہ انتخاب غزلیات میر

کا تذکرہ ناگزیر ہے جو ترقی اردو بیورو نئی دہلی سے شائع ہوا ہے۔ "کارگہِ شیشہ گری" کی تصنیف کے وقت میر کی تخلیقی حیثیت کا مطالعہ کرتے ہوئے حامدی کے سامنے میر کا وہ سارا کلام رہا ہوگا جو چھ دواوین پر مشتمل ہے۔ ساڑھے تیرہ ہزار کے اس "جنگل" سے حامدی نے ایسے تقریباً تین ہزار اشعار کا انتخاب کیا ہے جو بقول ان کے "فنی لحاظ سے تکمیلیت کا احساس دلاتے ہیں۔ میر کے اور انتخابات بھی شائع ہوئے ہیں۔ مولوی عبدالحق اور ناصر کاظمی کے انتخابات فوری طور پر ذہن میں آتے ہیں۔ لیکن زیر تبصرہ انتخاب بقول حامدی "اب تک کلام میر کا سب سے ضخیم، جامع اور نمائندہ انتخاب" ہے۔ پھر انہوں نے یہ کوشش بھی کی ہے کہ یہ انتخاب حتی الامکان "معروضی" ہو اور "شخصی تعصبات اور داخلی ترجیحات سے بالاتر" ہو۔ اس طرح کا انتخاب بالیدہ تنقیدی شعور کے بغیر ممکن نہیں۔ اس کتاب کا دیباچہ میر کی قدر سنجی کا ایک عمدہ نمونہ ہے۔

حامدی کی تصانیف کا ذکر کرتے ان کے سفرنامہ "انجمنِ آرزو" سے صرف نظر کرنا ممکن نہیں۔ جنوری ۱۹۸۶ء میں ہندوستان کے نمائندہ اردو ادیبوں کے وفد کے ایک رکن کی حیثیت سے انہوں نے پاکستان کا سفر کیا تھا۔ یہ سفرنامہ اسی کی روداد ہے۔ حامدی کے نزدیک سفرنامہ تجربات و واقعات، اشخاص اور مناظر کے بارے میں شخصی تاثرات کی بازآفرینی ہے۔ یہ سفر سے متعلق صرف خارجی حالات و واقعات کا حقیقی بیان نہیں ہوتا۔ بلکہ یہ سفر کرنے والے کی شخصیت اور اس کے داخلی ردعمل کی مصوری بھی ہوتا ہے۔ اس سفرنامے میں دلچسپی کے بہت سے عناصر موجود ہیں اور قاری اپنے آپ کو اس سفر میں شریک سمجھتا ہے۔ حامدی نے کہیں عالمانہ لب ولہجہ اختیار نہیں کیا ..

ہے۔ بلکہ ان کے اندر کا شاعر اور تخلیق کار ہر جگہ اپنی موجودگی کا احساس دلاتا ہے۔ وہ اپنی "اکتشافی تنقید" کے طریق کار سے "طلسم کدوں کے جن جادوئی دروازوں" کو وا کرتے ہیں اس کی ایک جھلک اس شاعرانہ اور ساحرانہ بیان میں دیکھیے:

"... میں ہال کے کنارے اونچے شیشوں کی کھڑکیوں کے ساتھ ایستادہ دُور دُور تک چراغوں کے شہر کو حیرت اور مُسرت سے دیکھنے لگا۔ مکانوں، دکانوں، سڑکوں اور شاہراہوں کی لاتعداد روشنیوں سے جگمگاتے ہوئے شہر کو میں بصد اشتیاق دیکھ رہا تھا۔ مجھے محسوس ہو رہا تھا کہ میں آسمان کی بلندیوں پر ہوں اور نیچے روشن ستاروں کا ایک پُراسرار الف لیلوی دیار آباد ہے۔ حقیقت خواب میں تبدیل ہو رہی تھی۔ تخلیق شعر میں کیفیت میں کبھی کبھی میری جاگتی آنکھوں میں کسی پُرنور اجنبی بستی کا خواب لہرا جاتا۔ میں صدیوں کے سفر کے بعد اس کے قریب پہنچتا۔ لیکن اس پر قدم رکھتے ہی میرا خواب ٹوٹ جاتا ہے

نظر آئے گی اک پُرنور بستی
قدم رکھ دیجیے، معدوم ہوگی"

حامدی کاشمیری وقتاً فوقتاً کشمیری زبان میں شعر کہتے اور مضامین لکھتے رہے ہیں۔ اس

زبان میں ان کی کتاب" جدید کشمیری شاعری" شائع ہو کر مقبول ہو چکی ہے کشمیر یونیورسٹی کے ایم۔ اے (کشمیری) کے نصاب میں بھی شامل ہے۔ بیسویں صدی میں کشمیری شاعری کے مختلف رجحات کا یہ تجزیاتی محاکمہ کشمیری زبان میں کسی ایک موضوع پر پہلی اور اب تک آخری مستقل تنقیدی تصنیف ہے۔

حامدی کاشمیری کی اب تک چوبیس کتابیں منظر عام پر آ چکی ہیں۔ وہ مسلسل تیزی اور گرم جوشی سے لکھ رہے ہیں اور کہیں تھکن کے آثار نہیں ہیں۔ حامدی کا تخلیقی اور تنقیدی سفر اب بھی تازہ دم ہے۔ یوں بھی فن کار کی کوئی منزل نہیں ہوتی، ہر منزل اس کیلیے نئے سفر کا اشارہ بن جاتی ہے۔

کشمیر — اردو کا مرکز

اردو دُنیا کی دوسری عظیم اور ترقی یافتہ زبانوں کی طرح علاقائی اور جغرافیائی حدبندیوں میں اسیر ہونے کی بجائے آفاق گیری کے انداز رکھتی ہے۔ اس کی پیدائش، ابتدائی نشوونما اور اس کے تدریجی ارتقاء کی تواریخ کے مطالعے سے بخوبی پتہ چلتا ہے کہ اس میں نمو پذیری اور پھلنے بڑھنے کی تمام تر صلاحیتیں موجود ہیں۔ اس زبان کی تعمیر و تشکیل میں کسی ایک فرد، قوم، ایک صوبے یا ایک مخصوص گروپ کا ہی ہاتھ نہیں۔ یہ برصغیر کی مشترکہ کوششوں سے صورت پذیر ہوئی ہے۔ یہ زبان عوام کی زبان ہے۔ عوام نے اسے سینے سے لگایا ہے۔ اور اسے اپنی تمناؤں اور خوابوں کے اظہار کا وسیلہ بنایا ہے، اور عوام جہاں کے بھی ہوں، خواہ وہ یوپی کے ہوں، دلی کے ہوں، حیدرآباد کے ہوں یا لاہور کے ہوں یا بہار اور کشمیر کے،

اس پر اپنا حق رکھتے ہیں۔

اہلِ کشمیر کی مادری زبان کشمیری ہے اور جموں میں ڈوگری زبان مروّج ہے اور لداخ میں لداخی زبان بولی جاتی ہے۔ لیکن اردو ریاست کے لوگوں کیلیے کوئی غیر یا اجنبی زبان نہیں یہاں کے لوگوں نے ایک صدی سے زیادہ عرصہ سے اردو زبان کو اپنی زبان سمجھ کر برتا ہے، اور اس کی تعمیر و ترقی میں نمایاں حصہ لیا ہے۔ کشمیر عہدِ ماضی سے زبان، علوم و فنون، فکر و فلسفہ اور تہذیب و تمدن کا مرکز رہا ہے۔ شعر و ادب کے جو چراغ یہاں جلتے رہے ہیں، ہندوستان کے گوشے گوشے نے ان سے روشنی لی ہے۔ ہندو دور میں سنسکرت علم و ادب کو بے پناہ فروغ ملا۔ مسلمانوں کے دورِ عروج میں فارسی زبان و ادب کا گھر گھر چرچا پھیل گیا اور پھر پندرہویں صدی کے بعد یعنی زین العابدین بڈشاہ کی حکومت کے خاتمے کے بعد جب یہاں کے ملکی نظام کا شیرازہ بکھر گیا اور بہت سے لوگ پنجاب، اودھ، دلی اور آگرہ میں جا بسے تو ان میں سے بعض اہلِ کمال کے توسط سے اردو زبان کی تقدیر روشن ہو گئی۔ اردو زبان کا چلن ریاست میں انیسویں صدی کے نصف آخر میں ہوا اور کچھ عرصے کے بعد ریاستی سرکار نے اس کی مقبولیت کو دیکھ کر اسے سرکاری زبان کا منصب عطا کیا اور سرکاری دفاتر میں اس کا رواج ہوا۔ مہاراجہ رنبیر سنگھ کے عہد میں اردو زبان نے ایک اور زینے پر قدم رکھا اور یہ سرکاری سکولوں میں تعلیم و تفہیم کا ذریعہ قرار دی گئی۔ اور اس کی تعلیمی اہمیت مسلم ہو گئی۔ آہستہ آہستہ تعلیم یافتہ طبقے نے اسے آنکھوں پر بٹھایا اور اسے فخر سے ذریعہ گفتگو بنایا۔ خط و کتابت میں اس کا سہارا لیا گیا۔ سیاسی

سماجی اور مذہبی خیالات کی نشر و اشاعت کیلیے کتابچے اور رسالے اس زبان میں رقم کیے گئے۔ مقامی ضروریات کیلیے اخبار نکلے تو اسی زبان میں نکلے۔ اس کا نتیجہ یہ بھی ہوا کہ عام لوگ جو تجارت پیشہ ہیں، اردو زبان سے مانوس ہوتے گئے اور اردو بولنے اور سمجھنے لگے۔

جہاں تک اردو شعر و ادب کا تعلق ہے اہل کشمیر نے اس میں گرانقدر خدمات انجام دی ہیں۔ حق تو یہ ہے کہ کشمیر کی خدمات کا ذکر کیے بغیر اردو ادب کی کوئی تاریخ مکمل نہیں ہو سکتی۔ کشمیر نے اردو ادب کو کئی ایسے عظیم المرتبت شاعر اور ادیب دیئے ہیں جنہوں نے اپنی بے پناہ صلاحیتوں سے اسے توانائی، وسعت اور جامعیت عطا کی ہے۔ دیا شنکر نسیم، رتن ناتھ سرشار، آغا حشر کاشمیری، چراغ حسن حسرت، ڈاکٹر اقبال، چکبست، علامہ کیفی اور دوسرے وہ ستارے ہیں جو افقِ کشمیر سے طلوع ہوئے اور پورے برصغیر کو منور کر گئے۔

یہاں پر ہم خاص طور پر ان شاعروں اور ادیبوں کا ذکر کریں گے جو ریاست میں پیدا ہوئے یہیں پلے بڑھے اور یہیں لکھتے رہے۔ یہ شعراء مستقل طور پر ریاست میں رہے۔ گھر کے اندر باہر مادری زبان بولتے رہے لیکن فکر و خیال کے نقوش اردو کے دامن پر ابھارتے رہے۔ یہ نقوش اتنے دلکش اور البیلے ہیں کہ رفتہ رفتہ لکھنؤ اور دلی کے اردو داں حلقوں کی توجہ ان کی طرف مبذول ہوتی گئی۔ ان شعراء کی فہرست خاصی لمبی ہے۔ یہ الگ بھگ انیسویں صدی کے اواخر سے دورِ حاضر تک مرتب کی جا سکتی ہے۔ آسانی اور سہولت کیلیے ان شعراء کو میں نے تین ادوار میں تقسیم کیا ہے۔ پہلے دور میں ان شعرائے کرام کا نام لیا جا سکتا ہے۔ جو انیسویں صدی کے

اواخر سے بیسویں صدی کے اوائل تک شاعری کرتے رہے۔ ان میں سے اکثر کا ذکر بہار گلشن کشمیر میں آیا ہے۔ یہ شعراء عام طور پر پرانے رنگ میں لکھتے رہے۔ غزل ان کی محبوب صنف رہی ہے۔ لیکن یہ نظمیں بھی لکھتے رہے ہیں۔ غزلوں میں یہ روایتی انداز میں عشق، بے ثباتی دُنیا، موت اور تصوف کے مضامین نظم کرتے رہے ہیں۔ ان میں پنڈت ہرگوپال خستہ، صادق علی خان، مرزا مبارک بیگ، مرزا سعد الدین سعد، راجہ شیر علی خان، تارا چند ترزل، کاشی ناتھ ترزل خوشتر، خال صاحب منشی سراج الدین، خوشی محمد ناظر، نمر قمرازی، ڈاکٹر عماد الدین سوز، حبیب کیفوی، قیس شیروانی، دشو ناتھ درماہ، اللہ رکھا ساغر، حمید نظامی، اور غلام حیدر چستی قابلِ ذکر ہیں۔ ان شعراء کی نظمیں زیادہ تر موضوعاتی ہیں۔ یہ آزاد اور حالی کی نظم جدید کی تحریک کے زیرِ اثر موسمیات، وطنیت اور سماجی موضوعات سے متعلق ہیں۔

شاعری کے دوسرے دور میں پروفیسر طالب کشمیری، شہ زور کاشمیری، مرزا کمال الدین شیدا، میر غلام رسول نازکی، دینا ناتھ مست، منوہر لال دل، ہمکیش کاشمیری، شوریدہ کاشمیری، رسا جاودانی، غ م طاؤس، تنہا انصاری، کشن سمیل پوری، عبدالحق برق، سیفی سوپوری، عشرت کشتواڑی، اکبر جے پوری، غلام علی بلبل، عرش صہبائی اور قیصر قلندر قابلِ ذکر ہیں۔ ان میں سے اکثر شعراء ابھی بقیدِ حیات ہیں۔ کئی شعراء کے شعری مجموعے شائع ہو چکے ہیں۔ ان کی شعری تخلیقات ملک کے موقر ادبی جرائد میں چھپتی رہی ہیں۔ ان کے نام ادبی حلقوں میں جانے پہچانے ہیں۔ اس دور کے شعراء میں دورِ اوّل کے شعراء کی نسبت فنی شعور میں زیادہ پختگی اور

رچاؤ ہے۔ موضوعات میں زیادہ فکری گہرائی ہے۔ بیانیہ نظموں کے ساتھ ساتھ فکری اور داخلی موضوعات پر بھی متعدد نظمیں لکھی گئی ہیں۔ اس دور کے شعراء بالعموم حیات و کائنات کے مسائل سے دست و گریباں نظر آتے ہیں۔ اس کے علاوہ وہ سیاسی کشمکش، قومیت اور انسان دوستی کے جذبات کی مصوری کرتے رہے ہیں۔ طالب کشمیری، مست اور کشن سمیل پوری نے خاص طور پر کئی قومی نظمیں لکھی ہیں۔ بشمبر زدر، نازکی، رسا جاودانی، شوریدہ کاشمیری، میکش کاشمیری اور عرش صہبائی نے نظموں کے ساتھ ساتھ اچھی غزلیں بھی لکھی ہیں۔ ان شعراء میں عرش صہبائی شوریدہ کاشمیری اور تیمر قلندر اب بھی سرگرمی سے لکھ رہے ہیں۔ ان میں سے اکثر شعراء کے مجموعے منظرِ عام پر آ چکے ہیں۔

تیسرے دور کا آغاز ۱۹۶۰ء کے بعد ہوتا ہے۔ اس دور میں جو شعراء لکھ رہے ہیں وہ ملک کے نئے شعراء سے منسلک ہیں اور جس طرح ملکی سطح پر نئے شعراء جدیدیت کے رجحان کے زیر اثر حیات و کائنات کو ایک نئے تناظر میں دیکھ رہے ہیں۔ ریاستی شعراء بھی فکر و نظر کی جدت کا ثبوت پیش کر رہے ہیں۔ چنانچہ نئے شعراء میں راقم کے علاوہ حکیم منظور، قاضی غلام محمد، مظفر ارج ہمدم کاشمیری، شبیب رضوی، سلطان الحق شہیدی، عابد مناوری، شجاع سلطان، فاروق مضطر فاروق نازکی، پرتپال سنگھ بے تاب، محمد یٰسین، رفیق راز اور دوسرے تیزی سے تخلیق شعر میں مصروف ہیں۔ ان شعراء کا کلام ملک کے ادبی جرائد میں چھپتا ہے، اور بعض شعراء کے شعری مجموعے بھی چھپ چکے ہیں۔ یہ شعراء عصری تقاضوں سے کماحقہ، باخبر ہیں۔ وہ روایت کے حادی اثرات

سے بہت حد تک نجات پاکر تجربات اور زبان و بیان میں جدت پسندی کا مظاہرہ کر رہے ہیں ان کے یہاں غریب گشتگی، محرومی اور تنہائی کی علامتی پیکر تراشی ملتی ہے۔ ان شعراء کے علاوہ نوخیز شعراء میں اقبال فہیم، فاروق آفاق اور رخسانہ جبیں اپنی شاعرانہ حیثیت منوا چکے ہیں۔

نثر کے میدان میں بھی کشمیر کے ادیبوں نے اہم کام انجام دیا ہے۔ مذہبیات، سیاسیات اور سماجیات پر کتابچے اور رسالے لکھے ہیں۔ کچھ تاریخیں چھپ چکی ہیں۔ متعدد درسی کتابیں شائع ہوتی رہی ہیں۔ ڈرامہ نویسی کے فن میں آغا حشر کاشمیری کے بعد موجودہ صدی کے اوائل میں محمد عمر نور الٰہی نے "ناٹک ساگر" لکھ کر ڈرامہ میں لافانی شہرت حاصل کی ہے۔ حالیہ برسوں میں تھیٹر کے فروغ کے سلسلے میں کئی طبع زاد ڈرامے سٹیج کئے گئے۔ سٹیج ڈرامہ لکھنے والوں میں پریم ناتھ پردیسی اور علی محمد لون قابلِ ذکر ہیں۔ گذشتہ چالیس برسوں میں متعدد ریڈیائی ڈرامے بھی لکھے گئے ہیں۔

گذشتہ تین دہوں میں تحقیق و تنقید کے شعبے میں بھی کافی پیش رفت ہوئی ہے۔ اس سے قبل عبدالاحد آزاد نے کشمیری شاعری پر کتاب لکھ کر تحقیق و تنقید کی ابتدا کی۔ یونیورسٹی کے شعبہ اردو میں پی ایچ ڈی ڈگری کیلئے کئی تحقیقی مقالے لکھے گئے ہیں۔ ان کے علاوہ بھی تحقیق کا کام ہو رہا ہے۔ راقم کے علاوہ ڈاکٹر اکبر حیدری، محمد یوسف ٹینگ، رشید نازکی، موتی لال ساقی، مرغوب بانہالی ظہور الدین، اندنہ عابد پشاوری اور برج پریمی نے کئی تحقیقی مقالے لکھے ہیں۔ تنقید میں حمان راہی

شمیم احمد شمیم اور پی' این' پشپ کے بعض مقالات کے علاوہ راقم کی بارہ تنقیدی کتابیں چھپ چکی ہیں

ناول نگاری اور افسانہ نگاری میں بھی قابلِ ذکر کام ہو رہا ہے۔ رامانند ساگر اور کشمیری لال ذاکر کے علاوہ ٹھاکر پونچھی' علی محمد لون' نور شاہ' ستنوش اور راقم نے اردو میں ناول لکھے ہیں۔ رامانند ساگر کا "... اور انسان مر گیا" کشمیری لال ذاکر کا "سیندور کی راکھ" اور ٹھاکر پونچھی کا "وادیاں اور ویرانے" مشہور ناول ہیں۔ راقم کے چار ناول "بہاروں میں شعلے' پگھلتے خواب' اجنبی راستے" اور "بلندیوں کے خواب" منظرِ عام پر آ چکے ہیں۔

افسانہ نگاری میں ریاست کے کئی افسانہ نگاروں کے نام ملک کے ادبی حلقوں میں جانے پہچانے ہیں۔ ان میں پریم ناتھ پردیسی کو اوّلیت کا شرف حاصل ہے۔ ان کے تین افسانوی مجموعے "شام و سحر" "دنیا ہماری" اور "بہتے چراغ" چھپ چکے ہیں۔ پردیسی نے کشمیری زندگی کی روح میں اتر کر اس کے پوشیدہ درد و داغ کی نقاب کشائی کی ہے۔ پریم ناتھ در کے دو مجموعے "کاغذ کا واسدیو" اور "نیلی آنکھیں" چھپ چکے ہیں۔ در معاشرتی زندگی کے گھناؤنے اور تلخ پہلوؤں کا فنکارانہ حسیت کے ساتھ مطالعہ کرتے ہیں۔ ٹھاکر پونچھی نے گرد و پیش کی زندگی کی تلخیوں کو ابھارنے کی کوشش کی ہے۔ موہن یاور نے بھی کئی افسانے لکھے ہیں۔ ان کے افسانے ملک کے موقر جرائد میں چھپتے رہے۔ وہ ایک دردمند اور باشعور ادیب ہیں اور نزاکت اور اشاریت سے زندگی کی تلخیوں کو پیش کرتے ہیں۔ موہن یاور کے علاوہ علی محمد لون' اختر محی الدین' وید راہی' تیج بہادر بھان' پشکر ناتھ' نور شاہ' کلدیپ رعنا' بشیر شاہ

اور راقم نے افسانے لکھے ہیں۔

کشمیر میں اردو کی نشوونما اور ترویج میں صحافت کا خاص رول رہا ہے۔ کسی خطے میں کسی زبان کی مقبولیت کا یوں بھی اندازہ لگایا جا سکتا ہے کہ اس میں اخبارات اور رسائل کی تعداد کتنی ہے؟ ریاست میں کئی رسایل شائع ہوئے ہیں۔ ان میں یہ قابل ذکر ہیں :۔

چاند، زن، پریم، سویرا، کنول، گلریز، ہما، گنگ پوش، پھول، جدید تعلیم، رہنمائے تعلیم، دیہات سدھار، تعمیر، سنگم، لالہ رخ، پرتاب، ہمپوش، زون، شیرازہ، آزاد، بازیافت، لا اور اقبالیات۔

روزناموں اور ہفتہ واروں میں یہ نام قابل ذکر ہیں :۔

رہبر، ودتستا، صداقت، حقیقت، ہمدرد، خالد، جہانگیر، برق، ہدایت، وکیل، کشمیر جدید، دلشن، نور، خالصہ گزٹ، امر، پاسبان، جمہور، خورشید، نوجوان، مارتنڈ، جیوتی، روشنی، خدمت، نوائے قوم، آفتاب، رنجیت، پیام انقلاب، سندیش، سرینگر ٹائمز، نوائے صبح، آئینہ، الصفا، روشنی، چٹان وغیرہ۔

ریاست میں ادبی انجمنوں نے بھی ادبی شعور کی تعمیر و تشکیل میں اہم حصہ ادا کیا ہے۔ چنانچہ مختلف وقتوں میں مختلف ادبی انجمنوں کی تشکیل عمل میں آئی ہے۔ ان میں انجمن مفرح القلوب، انجمن ترقی پسند مصنفین، انجمن نصرت الاسلام، بزم سخن، اخوان الصفا، اردو سبھا، بزم ادب، بزم شیرازہ، بزم ادب شعبہ اردو، بزم اردو، صدف، اقبال اکاڈمی، انجمن سیمابیہ۔

یہ انجمنیں عام طور پر ادبی مباحث، مجالس، تقاریر اور مشاعروں کا اہتمام کرتی رہی ہیں۔ ان میں برصغیر کے مشہور ادیب اور شعراء شرکت کرتے رہے۔ ان میں عبدالمجید سالک، روش صدیقی، ڈاکٹر تاثیر، حفیظ جالندھری، ڈاکٹر خلیفہ عبدالحکیم، تیج بہادر سپرو، کیفی، ساغر نظامی اور سر عبدالقادر جیسی ہستیاں شامل ہیں۔ ان کے علاوہ محی الدین قادری زور، عبدالقادر سروری، محمد حسن، علی جواد زیدی، کمال احمد صدیقی، شکیل الرحمان، زبیر رضوی، آل احمد سرور، احتشام حسین، خواجہ احمد فاروقی، عتیق احمد صدیقی، پروفیسر گوپی چند نارنگ، مسعود حسین خان، عالم خوندمیری، شمس الرحمان فاروقی، وارث علوی، باقر مہدی، وحید اختر، شاذ تمکنت، بلراج کومل، کمار پاشی، مخمور سعیدی، شہریار، محمد علوی، جگن ناتھ آزاد، مظہر امام اور ظفر احمد سرینگر کی ادبی محفلوں میں رونق افروز رہے ہیں۔

۱۹۴۷ء کے بعد ریاست میں مطلق العنانیت کے خاتمے اور نئی حکومت کے قیام کے بعد تعمیر و ترقی کا ایک نیا دور شروع ہوا۔ ادیبوں کے ساتھ ساتھ ارباب حکومت کو بھی احساس ہوا کہ ریاستی زبانوں مثلاً کشمیری، ڈوگری، لداخی اور اردو کی ترقی و ترویج کیلئے اقدامات کئے جائیں۔ ریاست تین خطوں یعنی کشمیر، جموں اور لداخ پر مشتمل ہے اور ان تینوں خطوں میں الگ الگ زبانیں مروج ہیں۔ اردو کو رابطے کی زبان ہونے کی بناء پر سرکاری زبان کا درجہ دیا گیا۔ یہ اردو کیلئے فال نیک تھا۔ چنانچہ اردو ابتدائی درجوں میں ذریعہ تعلیم ہی اور عدالتوں میں بھی مروج ہے۔ ریاست کی زبانوں اور آرٹ اور کلچر کی ہمہ گیر ترقی کیلئے اکاڈمی آف آرٹ کلچر اینڈ لنگویجز

کا قیام عمل میں لایا گیا۔ اکاڈمی نے اردو کی ترقی و توسیع کیلیے کئی منصوبے بنائے ہیں جن پر عمل ہو رہا ہے۔ ہر سال سیمینار اور ادبی محفلیں منعقد کی جاتی ہیں۔ کل ہند مشاعرے منعقد کئے جاتے ہیں۔ ادیبوں کو ان کے مسودوں کی اشاعت کیلیے مالی امداد دی جاتی ہے۔ ہر سال بہترین کتابوں پر ایوارڈ دیئے جاتے ہیں۔ ایک حالیہ فیصلے کے مطابق ہر سال کل ہند سطح پر اردو کی بہترین کتاب کیلیے ایک لاکھ روپے بطور انعام دیا جائے گا۔ اکاڈمی کے زیر اہتمام ادبی مجلہ شیرازہ شائع ہوتا ہے۔ اس میں ریاست اور بیرونِ ریاست کے اہلِ قلم کی نگارشات شائع ہوتی ہیں۔

سرینگر میں اقبال اکاڈمی بھی مسلسل طور پر سیمیناروں، ادبی محفلوں اور مناظروں کا اہتمام کرتی ہے اس کے علاوہ کشمیر یونیورسٹی میں شعبۂ اردو میں بزم ادب کی میٹنگیں منعقد ہوتی ہیں۔ ان میں نوخیز لکھنے والوں کے ساتھ ساتھ ریاست اور بیرونِ ریاست کے معتبر اہلِ علم شریک ہوتے ہیں۔ شعبۂ اردو کے زیر اہتمام سیمیناروں اور ادبی اجتماعات کا انعقاد ہوتا ہے۔ اقبال انسٹی ٹیوٹ کے تحت ہر سال کل ہند سیمینار منعقد ہوتے ہیں۔

کشمیر میں اردو زبان میں ادبی سرگرمیوں کے اس اجمالی جائزے سے یہ اندازہ کرنا مشکل نہیں کہ عہدِ حاضر میں کشمیر اردو کے ایک اہم مرکز کی حیثیت رکھتا ہے۔ ملکی سطح پر اردو کے اہم مراکز یعنی دہلی، لکھنو، اور حیدر آباد کی اہمیت خاصی گھٹ گئی ہے۔ آزادی کے بعد سرکاری زبان ہندی بن گئی ہے اور اردو ریاستوں سے بے دخل ہو گئی ہے۔ البتہ کشمیر میں اسے سرکاری زبان کا درجہ حاصل ہے۔ گذشتہ سوا سو سال سے اردو کشمیر میں برابر ترقی کر رہی ہے اور ریاست کی تہذیبی زبان کے طور پر اپنی حیثیت

منوا چکی ہے۔ تعلیمی اداروں میں اسے تعلیمی زبان کا درجہ حاصل ہے۔ پرائمری سے یونیورسٹی کی سطح پر اس کی تعلیم و تدریس کے معقول انتظامات ہیں۔ اس زبان میں تخلیق، تنقید اور تحقیق کا کام اعلیٰ پیمانے پر ہو رہا ہے۔ ہر سال اردو میں متعدد کتابیں شائع ہوتی ہیں۔ اس وقت اردو میں درجنوں روزنامے اور ہفتہ وار اخبارات شائع ہوتے ہیں۔ اردو پڑھنے والوں کی تعداد میں برابر اضافہ ہو رہا ہے۔ اردو میں اعلیٰ تعلیم حاصل کرنے والے طلبہ کیلیے روزگار کے نئے نئے مواقع بھی پیدا ہو رہے ہیں۔ وہ ریڈیو، ٹی وی، انفارمیشن اور اکاڈمی کے علاوہ درس گاہوں میں ملازمت حاصل کرتے ہیں۔

بلاشبہ اردو کیلیے ریاست میں ایک سازگار ماحول ہے۔ نئی نسلوں کے لکھنے والے پورے اعتماد اور قوت کے ساتھ اردو میں اپنی تخلیقی صلاحیتوں کا اظہار کر رہے ہیں اور ملک کے کسی بھی خطے کے لکھنے والوں سے مقابلہ کر سکتے ہیں۔ واقعہ یہ ہے کہ کشمیر میں اردو زبان علاقائی خصوصیات اور اثرات کے ساتھ تخلیق کا وسیلہ بن رہی ہے۔ یہ کشمیری زبان کی تہذیبی اور فکری روایات سے اکتساب فیض کر رہی ہے اور جغرافیائی اور سماجی حالات سے مستفیض ہونے کی بنا پر اپنی منفرد حیثیت رکھتی ہے اور یہ کہنا مبالغہ نہیں کہ کشمیر نے اردو کے ایک اہم اور مستند مرکز کی حیثیت حاصل کر لی ہے۔

کشمیر ـــــــ روشنی کی علامت

برصغیر کی تہذیبی تاریخ صدیوں پر پھیلی ہوئی ہے۔ یہ وقت کی رفتار کے ساتھ ساتھ روایت پسندی اور تجربہ کاری کی ایک نمایاں مثال پیش کرتی ہے۔ سماجی اور مذہبی تصورات رسوم و روایات تہذیبی اقدار اور فنونِ لطیفہ میں ان عناصر کی پاسداری کی گئی ہے جو روشن روایت کا درجہ حاصل کر چکے ہیں اور زندگی، حُسن اور خیر کی قوتوں کے فروغ کے ضامن رہے ہیں۔ بدلتے وقت کے ساتھ ساتھ نئے سماجی اور تہذیبی تصورات کی پذیرائی کی جاتی رہی ہے۔ نتیجے میں اس سرزمین کی تہذیب و فکر رنگا رنگی، توانائی اور جدت پسندی پر دلالت کرتی ہے۔ اس تہذیب کی بوقلمونی اور ترکیبی حُسن کا سبب صرف یہ نہیں کہ یہ ملک قدیم زمانے سے ہی بیرونی حملہ آوروں اور نو آباد کاروں کیلیے باعثِ کشش رہا ہے اور یہاں کے قدرتی وسایل، فطری خوبصورتی، دیومالائی سحر کاری، جنگلوں کی پُراسراریت، روحانی قدریں

اور بری و بحری راستوں کی موجودگی غیر ملکیوں کیلئے ترغیب سفر دیتی رہی ہے اور وہ یہاں کی تہذیبی زندگی کو مالا مال کرتے رہے ہیں۔ بلکہ خود ملک کے اندر کشمیر سے راس کماری تک جغرافیائی سماجی اور سیاسی حالات کی تفریق کی بنا پر علاقائی تہذیبی اکائیاں نشوونما پاتی رہی ہیں۔ جو سفر اور مواصلات کی سہولیات کی بہم رسانی سے ایک دوسرے سے اثر پذیر بھی ہوتی رہیں اور ایک دوسرے پر اثر انداز بھی۔ اس کے نتیجے میں یہاں کی تہذیبی زندگی میں کثرت میں وحدت کا گہرا احساس قائم ہو جاتا ہے۔ چنانچہ تہذیب کا یہ متحدہ تصور ہندوستان کی تہذیبی عظمت اور انفرادیت کا بنیادی پتھر ہے۔

کشمیر برصغیر کا ایک قدیم (بعض مورخوں کی رائے میں قدیم ترین) علاقہ ہے۔ یہ صحیح ہے کہ یہ خطہ اپنی مخصوص جغرافیائی حدبندیوں کی بنا پر ملک کے دیگر حصوں سے نسبتاً الگ تھلگ رہا ہے۔ ملک کی شمالی سرحد پر واقع ہونے اور پھر اونچے اور دشوار گذار پہاڑوں، خوفناک گھاٹیوں اور تاریک کھائیوں میں گھرے ہونے کی وجہ سے اس کیلئے ملک کے دوسرے علاقوں سے معاشرتی اور تہذیبی لین دین کے امکانات سے بھرپور استفادہ کرنا دقت طلب رہا ہے۔ سردیوں میں سخت موسمی حالات یعنی متواتر برف باری اور یخ بستگی لوگوں کی آمد اور وادیوں میں مستقل سکونت کی راہ میں رکاوٹ بنی رہی ہے۔ ان حالات میں کشمیر کی علاقائی تہذیب بیرونی تہذیبی علاقوں کے اثر و نفوذ سے خاطر خواہ فائدہ نہ اٹھا سکی اور اسے زیادہ تر مقامی حالات، ضروریات اور طبائع کا مرہون رہنا پڑا۔ لیکن اس کے باوجود خطہ کشمیر کے تہذیبی

مظاہر قدم قدم پر اپنی صدرنگی کا احساس دلاتے ہیں۔ یہاں کی بے مثال خوب صورتی اندرون ملک کے علاوہ بیرونِ ملک کے لوگوں کیلیے باعثِ کشش رہی ہے اور مختلف وقتوں میں سیاح سفر، فاصلے اور موسم کی صعوبتوں کو جھیل کر واردِ کشمیر ہوتے رہے ہیں اور یہاں تہذیبی لین دین کا عمل جاری رہا ہے۔ کشمیر کی تہذیب بنیادی طور پر آریائی مزاج رکھتی ہے۔ وقت کے گذرنے کے ساتھ ساتھ اس میں یونانی، یہودی، ترکی، چینی اور مسلمانوں کے تہذیبی اثرات رچ بس گئے ہیں۔ دراصل کشمیر کی آب و ہوا میں ایسی خاصیت رہی ہے کہ یہ عہدِ قدیم سے ہی مختلف النوع تہذیبی قوتوں کو مقامی تہذیبی دھارے میں شامل کرتی رہی ہے۔ بقولِ آرتھر نیو: "قدیم ہندا پنی ابتدائی تہذیب کے نام پر کشمیر کے عظیم تہذیبی نشانات کے بغیر کچھ نہیں رکھتا تھا"۔

آرتھر نیو کا یہ خیال صرف کشمیر کی قدیم تہذیب ہی پر صادق نہیں آتا۔ بلکہ جدید دور تک کشمیر کی تہذیبی زندگی اپنی ندرت، انسان دوستی اور جمالیاتی اقدار کی بنا پر سارے ملک کیلیے ایک دل پذیر نمونہ بنی رہی ہے۔ یہاں کے تہذیبی تصورات جو علمی، ادبی، ثقافتی اور سماجی زندگی کے مختلف مظاہر میں پھل پھول رہے ہیں اور جن کا اظہار مختلف وقتوں میں علوم، شاعری، مصوری، موسیقی اور فنِ تعمیر، مجسمہ سازی، طب، مذہب، ہیئت، فلسفہ تصوف اور دست کاری کی صورت میں ہوا ہے، نہ صرف قدیم اور اصلی ہیں بلکہ تاریخ کے کئی موڑوں پر اتنے نمایاں اور معنی خیز ہو گئے ہیں کہ سارے برصغیر کی توجہ کا مرکز بن گئے ہیں۔

اتنا ہی نہیں بلکہ برصغیر کے کئی صوفیوں، مورخوں، دانش وروں اور شاعروں نے یہاں کے مشاہیر سے کسب فیض کیا ہے ۔

کشمیر کی تہذیبی زندگی کی خوشنما عمارت انسانی قدروں کے روشن تصور پر استوار ہوئی ہے ہمدردی، محبت، مہمان نوازی، توکل، تحمل اور مذہبی رواداری کی قدریں کشمیری نسل کی خون میں تحلیل ہو گئی ہیں۔ خاص طور پر مذہبی رواداری اس کی شناخت بن کر رہ گئی ہے ۔

یہی وجہ ہے کہ کشمیر میں مختلف ادوار میں مختلف مذاہب کے حکمرانوں مثلاً بودھوں، ہندوؤں، مسلمانوں، سکھوں اور ڈوگروں کی عمل داری کے باوجود لوگوں میں ایک سیکولر نظریہ مروّج و مقبول رہا ہے۔ یہ نظریہ ایک قیمتی ورثے کے طور پر نسل بعد نسل منتقل ہوتا جا رہا ہے۔ موجودہ دور میں تقسیم ملک کے وقت جبکہ پورے ملک کی سیکولر روایات خونِ ناحق سے داغدار ہو رہی تھیں کشمیر کے لوگ مذہب اور رنگ و نسل کے امتیازات سے بالاتر ہو کر انسانی قدروں کا دل و جان سے تحفظ کرتے رہے اور کشمیر پورے ملک کے گھٹاٹوپ اندھیرے میں "روشنی کی لکیر" بن کر ابھرا اور روشنی کی علامت بن گیا۔ کشمیری مزاج میں اعلیٰ انسانی قدروں کی ہم آہنگی اور برتری کا اندازہ یہاں کے فنون لطیفہ کے مختلف مظاہر سے کیا جا سکتا ہے ۔

کشمیری شاعری کی تاریخ اور اس کی تہذیبی نوعیت خاص کر حضرت شیخ نورالدین اور لله عارفہ کا کلام اس کا ثبوت فراہم کرتا ہے۔ جب حضرت سید علی ہمدانی اور بلبل شاہ صاحب نے وادی میں اسلام کی اشاعت کا بیڑا اٹھایا تو فکری سطح پر اسلامی تصوف اور ہندوؤں میں

رائج شیومت ایک دوسرے سے متاثر ہونے کی بجائے رشی مت کی صورت میں ایک مکمل امتزاج کو پیش کرتے رہے۔ یہ امتزاج ہندو لوگیوں اور مسلم صوفیوں کی تعلیمات کا غماز ہے جو بنیادی طور پر روحانی اور اخلاقی پاکیزگی اور تطہیر پر زور دیتی ہیں۔ مذہبی ظاہرداری اور فرسودہ رسوم سے بیزاری اور حقیقی انسانی قدروں سے وابستگی رشی مت کا بنیادی مقصد رہا ہے جیسا کہ نند رشی یا للہ عارفہ کے کلام سے مترشح ہوتا ہے۔ تاریخ کے صفحات کو اُلٹئیے تو سلطان زین العابدین بڈشاہ کے زمانے میں مشترکہ تہذیبی قدروں کو جو فروغ ملا ہے اس کی مثال ہندوستانی تاریخ میں صرف اکبرِ اعظم کے عہد میں ملتی ہے۔ بڈشاہ کے دربار میں مسلمان عالموں، شاعروں اور فاضلوں کے ساتھ ساتھ شری ور، جون راج بھٹ اوتار اور سوم پنڈت جیسی نامور ہندو ہستیاں بھی موجود رہی ہیں اور اس سرزمین کے مشترکہ کلچر کو ایک نئی معنویت، رنگا رنگی اور وسعت سے آشنا کرتی رہی ہیں۔

کشمیر کے لوگ قدیم زمانے سے مختلف حملہ آوروں اور مطلق العنان بادشاہوں اور راجاؤں کے ظلم و تشدد، غلامی، جہالت اور پسماندگی کا شکار رہنے کے باوجود اپنی فطری ذہانت، قابلیت، ہوشمندی اور زیرکی سے نہ صرف اس ملک بلکہ بیرونی ممالک کو بھی گہرے طور پر متاثر کرتے رہے ہیں۔ مسلمانوں کے دورِ حکومت میں جب فارسی زبان کا رواج ہوا تو یہاں کے عالموں نے نہ صرف فارسی زبان میں مہارتِ تامہ پیدا کی بلکہ اسے شعری اظہار کا ایسا موثر وسیلہ بنایا کہ بیسیوں قابلِ قدر شعراء سامنے آئے جن کے کارناموں سے اہلِ ایران دنگ رہ

گئے۔ ایران کے ملک الشعراء صائب کا غنی کاشمیری سے ملاقات کیلیے ایران سے کشمیر آنا اور ان کی سخن دانی کا اعتراف کرنا اس امر کا بدیہی ثبوت ہے۔ ملکی سطح پر تو ہر زمانے میں کشمیری ذہن کی طباعی گہرائی اور فوقیت کا لوہا مانا گیا ہے۔ اقبال نہ صرف کشمیر سے قلبی اور جذباتی وابستگی اور ساتھ ہی اس آبائی رشتے پر فخر کرتے رہے بلکہ اکثر مقامات پر اہل کشمیر کی دانش مندی ہنرمندی، شرافت اور خوب صورتی کا اظہار کرتے رہے ؎

زیرک و دراک و خوش گل ملتے است

در جہاں تر دستی او آیتے است

اقبال اہل کشمیر کی غیر معمولی ذہانت کے ہمیشہ معترف رہے۔ یہ ذہانت ان کی تخلیقی شخصیت کی پوشیدہ قوتوں کی غماز رہی ہے اور جب بھی ان کو جبر و تشدد سے نجات پانے اور سر اٹھانے کا موقع ملا انہوں نے اپنے خلاقانہ مظاہرے سے دنیا کو حیران کر دیا ہے۔ چنانچہ علم وادب، زبان دانی، موسیقی، طب اور علم نجوم میں بالخصوص کشمیریوں نے وہ کمالات کر دکھائے ہیں کہ ملک کی پوری تہذیبی زندگی متاثر ہوئے بغیر نہیں رہی ہے۔ عہد قدیم میں جب سنسکرت کا بول بالا تھا تو اہل کشمیر نے اس زبان میں یادگار کارنامے انجام دیئے۔ بقول پروفیسر محی الدین حاجنی: "یہ ایک مسلمہ امر ہے کہ کشمیری عالموں اور شاعروں کا جو حصہ اس زبان میں ہے اس کا مقابلہ تا حال ہندوستان کے دو تہائی ساگر بھی نہیں کر سکے ہیں"۔

موجودہ صدی میں اردو زبان وادب کے ذریعے ہندوستانی تہذیب و فکر کی تعمیر میں جو کارنامے

سرشار، اقبال، آغا حشر کاشمیری، کیفی، منٹو، کرشن چندر، پریم ناتھ پردیسی، پریم ناتھ در، عمر الٰہی شہ زور اور نازک نے انجام دیئے ہیں ان سے انکار ممکن نہیں۔ تقسیم وطن کے بعد سے تاحال کشمیر کے اردو ادیب اور شاعر حسن خلوص، انفرادیت اور عصری آگہی کے ساتھ شعر و ادب کی توسیع و تشکیل میں مصروف عمل ہیں، وہ نمایاں ہے۔ یہ کہنا مبالغہ نہ ہوگا کہ کشمیر اردو کے ایک اہم اور جدید مرکز کی حیثیت اختیار کر رہا ہے۔ تاریخ نویسی کو لیجیے، اس میدان میں پنڈت کلہن کی "راج ترنگنی" تاریخ نویسی میں اوّلیت کا شرف رکھتی ہے۔ یہ تاریخ اس زمانے میں لکھی گئی ہے جب ہندوستان میں تاریخ نویسی گھٹنوں کے بل چل رہی تھی۔

یہ خطہ ہمیشہ سے روحانی اور مذہبی تصورات کو فروغ دینے میں پیش پیش رہا ہے۔ اس کی مٹی میں خدا ترسی، انکسار، حلیمی، خود شناسی اور مروت ہے۔ چنانچہ یہ ہر زمانے میں مذہبی تعلیمات کا مرکز رہا ہے۔ اشوک کے عہد میں یہاں بدھ مت کو غیر معمولی مقبولیت ملی۔ مہاتما بدھ نے کشمیر کو دیارِ تفکر سے موسوم کیا ہے۔ فطرت کے خاموش، وسیع، فکر انگیز اور جمالیاتی ماحول میں یہاں خلوت پسندی اور خود آگہی کے رجحان کو تقویت ملتی رہی ہے۔ تواریخ کشمیر کا ایک اہم ترین واقعہ آٹھویں صدی ہجری میں ولیٔ کشمیر میں شاہ ہمدان امیر کبیر سید علی ہمدانی کا ورودِ مسعود ہے۔ ان کے اور دیگر سادات کے مذہبی اور روحانی مشن کی تبلیغ کے نتیجے میں اہل کشمیر کی سیاسی، مذہبی اور سماجی زندگی میں تاریخ ساز انقلاب پیدا ہوا۔ لوگ روشن خیالی، آزادی، ترقی اور ذہنی کشادگی کی نعمتوں سے آشنا ہوئے۔ حضرت امیر کبیر کے بارے میں علامہ اقبال نے لکھا ہے؂

سید السادات سالار عجم　　　　دستِ او معمار تقدیر امم

خطہ راآں شاہ دریا آستیں　　　　داد علم و صنعت و تہذیب و دیں

آفرید آں مرد ایرانِ صغیر　　　　با ہنرہائے غریب و دل پذیر

یہ مسلمہ امر ہے کہ بین الاقوامی سطح پر سیاسی، سائنسی اور فکری انقلابات کے نتیجے میں ملک کے ذہنی اور تہذیبی ڈھانچے میں بھی اہم تبدیلیاں واقع ہوتی رہی ہیں۔ موجودہ صدی میں میکانکی اور صنعتی ترقی نے ملکی سماج اور تہذیبی مزاج کو بھی متاثر کیا ہے۔ چنانچہ تہذیبی نظریئے اور قدریں تشکیل نو کے مرحلے سے گذر رہی ہیں۔ اس صورت حال میں شکست و ریخت کا بھی سامنا کرنا پڑتا ہے۔ تہذیب، فکر، فنون لطیفہ، سماجیات اور ادب میں روایت پرستی سے انحراف کا رجحان بڑھ رہا ہے۔ انسانی تہذیب کی اس آفاقی صورتحال کا سامنا جس خلوص، آگہی اور صداقت سے ملک کی مختلف زبانوں کے باشعور فن کار کر رہے ہیں، کشمیر کے ادیب، شاعر اور مصور بھی کر رہے ہیں۔ کشمیری زبان میں حالیہ برسوں میں نئے تہذیبی تصورات، فکری میلانات اور عصری رجحانات کے اظہار پر زور دیا جا رہا ہے۔ وہ روایت کی زنجیروں کو توڑ کر تجربہ کاری اور جدت پسندی کو اپنا مطمح نظر بنا رہے ہیں اور اپنی بیدار حسیت کا ثبوت پیش کر رہے ہیں۔ معاصر آگہی کی تشدید اور پیچیدگی کے اظہار کے علاوہ کشمیری شاعری میں مقامیت، حب الوطنی، فطرت نگاری، انسان دوستی، حریت پسندی، قومی یکجہتی اور کشمیریت کے تصورات کو خاصی اہمیت حاصل ہے۔

کشمیری شخصیت کا ایک نشان اس کی جمالیاتی آگہی ہے۔ اہل کشمیر جدید شہروں کی میکانکیت شور، کثرت کار، چمنیوں کے دھوئیں کی آلودگیوں اور متعفن ماحول سے دور سرسبز اور برف پوش پہاڑوں کی آغوش میں آزادانہ پرسکون اور مصفا فضا میں سانس لیتے ہیں اور فطرت کے

بدلتے رنگوں، نغمہ آفرینیوں، شادابیوں اور روشنیوں سے قریب ہیں۔ نتیجے میں ان کے جمالیاتی احساس میں نزاکت، پاکیزگی اور تازگی ہے۔ اس کا ثبوت نہ صرف ولوی میں اجتماعی طور پر کثرت سے باغات لگوانے کی قدیم شاندار روایت سے ملتا ہے بلکہ انفرادی طور پر بھی لوگ اپنے گھروں کے صحنوں میں چمن بندی کے ذوق کا مظاہرہ کرتے ہیں۔ اہل کشمیر کے جمالیاتی شعور کی باریکیوں کا اظہار یہاں کی دستکاریوں مثلاً شال بافی، پیپر ماشی، وڈ کارونگ، ظروف سازی اور قالین بافی وغیرہ میں بھی ملتا ہے۔ فطرت سے قُربت و موانست نے یہاں کے لوگوں میں خلوت پسندی، ذات شناسی، کم گوئی، زندگی کی نفاشناسی اور تحمل پسندی کو فروغ دیا ہے اور یہ وہ اقدار ہیں جو ولوی کشمیر کی سرزمین سے پھوٹتی ہیں۔ اور پوری دنیا کو منور کرنے کی قوت رکھتی ہیں۔

کشمیریت ـــــ ایک مطالعہ

کسی قوم کی تہذیبی، سماجی اور ذہنی زندگی کی مخصوص انفرادیت، جو اس کے تشخص کی ضامن ہوتی ہے، کئی خصائص سے متصف ہوتی ہے۔ ان میں ایک خصوصیت یہ ہے کہ وہ قوم کتنی قدیم الاصل ہے اور رفتار وقت کے ساتھ ساتھ سیاسی اور سماجی انقلابات کے نتیجے میں اس میں اپنی اصل اور قدامت سے رشتہ استوار رکھنے کی کتنی قوت موجود ہے۔ ایسی زندہ قوم خارجی قوتوں قوموں اور نسلوں کی بالادستی سے مرعوب نہیں ہوتی بلکہ ان کے تہذیبی تصورات کے خوشگوار اور مثبت اثرات کو اپنے اندر جذب کرنے کے میلان کو ظاہر کرتی ہے۔ تہذیبی قدامت اور اس کے ربط و ارتقاء کے ایسے معنی خیز عمل کی ایک درخشندہ مثال کشمیر فراہم کرتا ہے۔

کشمیر کے قدیم الاصل ہونے کے بارے میں مورخوں کا خیال ہے کہ اس خطۂ زمین کی تاریخ کا آغاز پانچ ہزار سال قبل مسیح ہوا ہے۔ اس سے قبل دیو مالائی قصے کے مطابق کشپ رشی نے

ایک طویل عرصے تک تپسیا کرنے کے بعد دیوتاؤں کی ہمدردی حاصل کی اور ان کی مدد سے کشمیر (جو کہ ایک بڑی جھیل تھی اور ستی سر کے نام سے موسوم تھی) کے پانی کو بارہمولہ کے مقام پر نکاسی دے کر اسے قابلِ رہائش بنایا اور ناگاؤں اور پشاچوں کے قبیلے (جو کہ آریائی نسل سے تھے) یہاں آباد ہو گئے۔ ان قبیلوں کا سرزمین کشمیر میں آباد ہونا ایک اتفاقیہ امر سہی۔ لیکن تاریخی اور قومی نقطۂ نظر سے ایک ایسی قوم کی تشکیل اور آبادکاری ہو رہی تھی جو اپنے اوصافِ ذاتی، کے علاوہ اپنے مسکن کے مخصوص جغرافیائی حالات، قدرتی مناظر اور موسم کی نیرنگیوں کے زیر اثر ایک جداگانہ طرز زندگی اور مخصوص ذہنی رویوں کو بروئے کار لا رہی تھی۔ کشمیر کے ان اولین باشندوں کے علم میں کہاں تھا کہ وہ جس کشمیریت کا بیج بو رہے ہیں۔ وہ وقت کے گذرنے کے ساتھ ساتھ چنار کی طرح ایک تناور اور وسعت پذیر درخت میں تبدیل ہو گا۔

کشمیر کی تہذیبی تاریخ جو صدیوں پر پھیلی ہوئی ہے، مختلف وقتوں میں مختلف قوموں، فرقوں، اور قبیلوں کی آمد اور آبادکاری سے تشکیل پذیر ہوئی ہے۔ اس سرزمین میں بودھوں کے علاوہ کشن، ہن، پٹھان، مغل اور سکھ فاتحوں اور مبلغوں کی صورت میں آئے۔ بدھ مت کے بعد نویں صدی سے چودہویں صدی تک ہندو حکمرانوں کا دورِ عروج تھا اور چودہویں صدی سے مسلمانوں کا دور اقتدار رہا۔ اس کے بعد سکھوں اور ڈوگروں نے حکومت کی۔ اس تاریخی عمل نے کشمیری قوم کی شخصیت کو پارہ پارہ کرنے یا اسے چوں چوں کا مربہ بننے اور یوں اس کی امیج کو مسخ کرنے کی بجائے اس کی اصلیت، اس کے کردار اور اس کے اوصافِ ذاتی کو مستحکم کرنے

اور نمایاں کرنے میں مدد دی ہے۔ یہ واقعہ ہے کہ مختلف قوموں، فرقوں اور تہذیبی اکائیوں کے وارود نے کشمیریت کو زک پہنچانے کی بجائے اسے ہمہ رنگ وسیع اور جاندار بنایا ہے۔ اسی بناء پر اکثر مورخین کا خیال ہے کہ کشمیری ہمیشہ غیر منقلب رہے ہیں۔ کننگھم نے لکھا ہے: "کشمیری ہندوستان کی سب سے زیادہ لافانی نسل ہے"۔ سر فرانسس ینگ ہسبنڈ کا خیال ہے کہ "کشمیری ہمیشہ وہی رہے ہیں کہ وہ جو ہیں"۔

کشمیریت کے استحکام میں اس خطے کے جغرافیائی حالات نے بنیادی رول ادا کیا ہے۔ یہ خطہ برصغیر کے انتہائی شمال میں سطح سمندر سے ۵ ہزار فٹ کی بلندی پر واقع ہے۔ یہ چاروں طرف سے بلند پہاڑوں سے گھرا ہوا ہے جو اسے بقیہ ملک سے الگ کرتے ہیں۔ سردی کے مہینوں میں شدید برف باری اور کڑاکے کی سردی سے وادی میں زندگی تعطل پذیر ہو جاتی ہے۔ اس لئے گرم علاقوں کے لوگوں کیلئے یہاں رہنا مشکل ہو جاتا ہے۔ بالعموم کشمیری سال میں تین چار مہینوں کیلئے بیرونی دنیا سے لاتعلق ہو کر اپنے وجود میں گم ہو جاتے ہیں۔

کشمیری قوم کی اکائی اس بات پر بھی منحصر رہی ہے کہ یہ خطہ بیرونی دنیا کے لوگوں کیلئے مستقل رہائش کیلئے زیادہ باعث کشش نہیں رہا ہے۔ اسی لئے یہاں لازمی طور پر ایک ہی قوم آباد رہی ہے جو وارد اور شاذ و نادر قبیلوں پر مشتمل تھی اور پہاڑوں میں قلعہ بند ہو کر اور صدیوں تک خارجی دنیا سے الگ تھلگ رہ کر ایک مخصوص طرز زندگی اور تہذیب کی نمائندہ بن گئی ہے۔

سوال یہ ہے کہ جب ہم کشمیریت کی بات کرتے ہیں تو اس سے کیا مراد لیتے ہیں۔ کشمیریت سے

مراد ہے کشمیری قوم کی وہ انفرادیت جو اس کی سماجی، گھریلو، تہذیبی اور فکری زندگی کو ایک وحدت اور امتیاز عطا کرتی ہے اور اس کے قومی تشخص کی ضمانت فراہم کرتی ہے۔ یہ قومی تشخص مذہب، رنگ اور نسل کی تفریق کے باوجود ایک مخصوص جغرافیائی حدبندی میں ایک ایسے سیاسی اور ثقافتی طرز زندگی پر دلالت کرتا ہے جو مشترک اقدار کا حامل ہے۔ اس تشخص کی شناخت کیلئے کشمیریوں کے تین مشترک اوصاف پر توجہ کرنے کی ضرورت ہے:۔

(١) اہل کشمیر ملک کے دیگر لوگوں کی نسبت تر دماغی اور خداداد ذہانت میں بہت آگے ہیں۔ کئی مورخوں، ادیبوں اور سفرناموں کے مصنفوں نے ان کی غیرمعمولی قابلیت کی دل کھول کر تعریف کی ہے۔ برنیر لکھتا ہے: "کشمیری اپنی ذہانت کیلئے مشہور ہیں اور ہندوستانیوں سے بہت زیادہ سمجھ دار اور اختراع پسند تصور کئے جاتے ہیں"۔

اقبال نے ان کے دیگر اوصاف گنانے کے علاوہ ان کی تر دماغی[1] کا بطور خاص ذکر کیا ہے اہل کشمیر کی ذہانت ان کی ہنرمندی سے مترشح ہے۔ یہ ہنرمندی مختلف دستکاریوں مثلاً شال بافی، پیپر ماشی، لکڑی پر کھدائی کے کام، قالین بافی اور ظروف سازی وغیرہ میں ان کی باریک بینی، قوت تخیل اور نزاکت خیال کی غماز ہے اور ساری دنیا میں اپنا لوہا منوا چکی ہے۔ "راج ترنگنی" جو کشمیر کی قدیم ترین تاریخ ہے، سے پتہ چلتا ہے کہ کشمیر پرانے وقتوں سے ہی مختلف دستکاریوں مثلاً لکڑی پر کھدائی کے کام، پارچہ بافی، اسلحہ سازی اور ظروف سازی

---

[1] آہ یہ قوم نجیب و چرب دست و تر دماغ

کیلئے مشہور تھا۔ مسلمانوں کے دورِ عروج میں بڈشاہ کے عہد میں لوگوں نے دستکاریوں میں کمال حاصل کیا۔ میرزا حیدر کاشغری نے ۱۵۴۰ء میں کشمیر کی تاریخ "تاریخ رشیدی" جو کہ فارسی میں ہے، لکھا ہے: "کشمیر میں وہ فنون انتہائی عروج پر ملتے ہیں جو دوسرے ملکوں کے بڑے بڑے شہروں میں نہیں ملتے۔"

کشمیری ہمیشہ سے اپنی زیرکی اور خوش اسلوبی کا اظہار دنیوی معاملات، رشتوں کی تفہیم و تقدیس، لین دین اور انتظامیہ میں اعلیٰ کارکردگی میں کرتے رہے ہیں۔ بقولِ اقبالؔ ؎

زیرک و دراک و خوش گل ملتے است
درجہاں تردستی او آیتے است

کشمیریوں کی تردماغی اور ذہانت اعلیٰ ترین سطح پر تخلیق اور فنی اظہارات میں اپنی بہار دکھاتی ہے۔ شاعری جو فنونِ لطیفہ کا جوہر لطیف ہے، کشمیریوں کی قابلِ فخر میراث رہی ہے۔ چودھویں صدی میں للہ عارفہ اور شیخ نورالدین نے واکھوں اور شرکوں کی صورت میں جو شعری نمونے پیش کئے ہیں۔ ان کی معنوی تہہ داری، اخلاقی نظام اور فکری ترفع سے کشمیر کے تخلیقی ذہن کی بلندی کا اندازہ کیا جا سکتا ہے۔ ان کے بعد رسول میر، حبہ خاتون، شمس فقیر، مقبول کرالہ واری، محمود گامی، صمد میر، مہجور اور احد زرگر جیسے بلند پایہ شعراء نے کشمیری شاعری کو انسانی تجربات کی رنگا رنگی اور مقامی زندگی کی تب و تاب سے آشنا کیا۔ کشمیری شاعری نہ صرف اعلیٰ انسانی اقدار کی باز آفرینی کرتی ہے بلکہ نازک سے نازک محسوسات کی مصوری بھی کرتی

ہے. کشمیریوں کا تخلیقی ذہن صرف کشمیری زبان ہی میں نہیں بلکہ سنسکرت، ہندی، فارسی اور اردو میں بھی پوری آب و تاب کے ساتھ جھلکتا ہے. ہندو دور میں کشمیریوں نے سنسکرت ادب تاریخ، فلسفہ اور شاعری میں کمال حاصل کیا اور رتناکر، بلہن، کلہن اور ابھنوگپت جیسے عالمی شہرت کے عالم اور شاعر سامنے آئے. مسلمانوں کے دورِ حکومت میں جب یہاں کے لوگ ایرانی زبان اور تہذیب سے واقف ہوئے تو فارسی زبان میں ایسی مہارتِ تامہ پیدا کی کہ اسے ذریعہ اظہار بنایا. یہاں تک کہ ایران کے ملک الشعراء صائب کو غنی کاشمیری سے ملنے کیلئے ایران سے کشمیر کا سفر کرنا پڑا. کشمیر کے ایسے شعراء کی تعداد خاصی ہے جو فارسی میں شعر کہتے رہے اور جو نہ صرف زبان دانی بلکہ تخلیقیت کا بھی حق ادا کرتے رہے. ان میں غنی کاشمیری کے علاوہ صرفی، وجہی، ملا درویش اور فانی کی شہرت بلندیوں کو چھو گئی ہے. فارسی سے طبعی مناسبت کا اظہار مسلمانوں کے ساتھ ساتھ ہندو بھی کرتے رہے. یہی حال اردو کا بھی ہے اس میں مسلمانوں اور ہندوؤں نے قابلِ قدر کام کیا ہے. موجودہ دور میں اردو میں صحافت کے علاوہ نظم و نثر میں کشمیری اپنی اہمیت منوا رہے ہیں. انہوں نے دیگر فنون مثلاً مصوری، موسیقی، رقص، اور سنگ تراشی میں بھی ناقابلِ فراموش خدمات انجام دی ہیں.

اہلِ کشمیر کو فطرت سے قریبی تعلق نے جمالیاتی اور فکری لحاظ سے گہرے طور پر متاثر کیا ہے. جمالیاتی حس کی بیداری کا مظاہرہ ان کے رشتوں کی جذباتیت اور پاکیزگی، ہنرمندی کے اعلیٰ نمونوں، مجلسی آداب، حسنِ نسوانی کی شیفتگی، طبعی شائستگی، بود و باش کی نفاست پسندی

اور تخلیقی مشاغل میں ہوتا ہے اور جہاں تک فکری رویوں کا تعلق ہے کشمیریوں کی فطرت میں اجتماعی طور پر درویشی اور فقیری کا ایسا حاوی عنصر موجود ہے جسے رشی مسلک سے تعبیر کیا جا سکتا ہے۔ وادی عہد قدیم سے صوفی سنتوں، فقیروں اور درویشوں کی آماجگاہ رہی ہے اور رشی وار کہلاتی ہے۔ کشمیر میں شاذ ہی ایسا کوئی محلہ ہوگا جہاں مسجد اور مندر کے علاوہ کسی بزرگ صوفی کا مزار نہ ہو۔ یہ صوفیانہ میلان کشمیریوں کی افتادِ طبع بن کر رہ گیا ہے۔ اس سے ان کی شخصیت میں سطح بینی اور ظاہر پرستی کی بجائے دروں بینی اور داخلیت پسندی پیدا ہوئی ہے۔ ملک کے دیگر علاقوں کے لوگوں کے مقابلے میں کشمیری بحیثیت ذکی الحس اور داخلیت پسند واقع ہوئے ہیں۔ نیز سادگی، کم آمیزی، مہمان نوازی، دردمندی، امن پسندی اور رواداری کے عناصر جو کشمیریت کے اجزائے طبعی ہیں، اسی صوفیانہ رویے کی دین ہیں۔ توکل پسندی اور صبر و رضا جس کیلئے کشمیری مشہور ہیں، اسی رویے کا فیضان ہے۔ سب سے اہم بات رواداری ہے جو کشمیریت کی پہچان ہے، کشمیریوں کو مذہبی تعصب چھو نہیں گیا ہے۔ وہ ۱۹۴۷ء میں بھی جبکہ پورا ملک فرقہ وارانہ فسادات کی لپیٹ میں آچکا تھا اور معصوم انسانوں کا قتل عام ہو رہا تھا، آپسی محبت اور بھائی چارے کی قدروں کو سینے سے لگائے رہے۔ کشمیر میں فرقہ وارانہ اتحاد اور مذہبی یگانگت کا یہ عالم ہے کہ اکثر جگہوں پر ہندوؤں اور مسلمانوں کی عبادت گاہیں ایک دوسرے سے متصل واقع ہیں۔ خانقاہِ معلیٰ اور ہاری پربت پر دونوں فرقوں کی عبادت گاہیں ایک دوسرے کے قریب ہیں۔

اہل کشمیر جن میں مسلمان، ہندو اور سکھ شامل ہیں، کی مادری زبان کشمیری ہے۔ یہ قدیم آریائی خاندان کی ایک شاخ ہے۔ بعض لوگ اس کا رشتہ دردی اور پشاچی لسانی گروہوں سے جوڑتے ہیں۔ بہرحال یہ حقیقت ہے کہ یہ زبان ہند آریائی گروہ سے ہم رشتہ ہے اور سنسکرت سے بہرہ مند ہے۔ یہ زبان کشمیری شخصیت کی گہرائیوں سے پھوٹی ہے اور اپنے ارتقائی سفر میں بیرونی قوموں اور لسانی گروہوں سے تہذیبی ارتباط کے نتیجے میں تبدیلیوں کے ایک بار آور عمل سے گزری ہے اور نئی وسعتوں سے ہمکنار ہوئی ہے یہاں تک کہ اس کی زرخیزی اور توانائی مسلم ہوگئی ہے۔ یہ سنسکرت کے علاوہ ہندی، فارسی، عربی، اردو اور پنجابی زبانوں کے الفاظ و تراکیب کو اپنے اندر جذب کر کے ایک لچکدار اور تخلیقی زبان بن گئی ہے۔ یہ زبان کشمیریوں کے ولولوں، خوابوں، حسرتوں اور دکھوں کی ترجمان ہے اور عوامی اور تخلیقی دونوں سطحوں پر اپنی وسعت اور ہمہ گیری کا احساس دلاتی ہے۔ یہ ہندو دیومالا، اسلامی تمدن، مذہب، تصوف، ویدانت، ریشی مت، فلسفہ، فطرت، اور سماجیات سے مالا مال ہے۔ اس کے الفاظ نہ صرف حسیاتی شبیہ سازی کے عمدہ نمونے ہیں۔ بلکہ دیومالائی اور علامتی امکانات سے بھی معمور ہیں۔

کشمیریوں کی انفرادیت اتنی مکمل اور مستحکم ہے کہ وہ ریاست میں ہوں یا ریاست سے باہر، اور کتنی ہی قوموں، فرقوں اور لسانی گروہوں سے متصادم کیوں نہ ہوں، جیسا کہ وہ رہے ہیں، اپنی مخصوص کشمیریت کو برقرار رکھنے کے فطری اور قومی میلان کو ظاہر کرتے ہیں۔ یہ ضرور

ہے کہ ان کی زندگی میں کئی ایسے ادوار بھی آئے ہیں جب جابر اور مطلق العنان حاکموں نے انہیں کچل ڈالنے میں کوئی کسر اٹھا نہ رکھی۔ انہیں ظلم و تشدد کا نشانہ بنایا گیا اور ان کے قومی تشخص کو ختم کرنے کی تمام تر کوششیں کی گئیں۔ شکست و ریخت اور تباہی کے ایسے وقتوں میں مظلوم اور بے بس لوگوں کیلئے اپنی انفرادیت تو کیا، اپنی بقا کیلئے بھی متردد ہونا پڑا۔ نتیجتاً لوگوں کی زندگی میں بعض اخلاقی برائیاں جیسے جھوٹ، چاپلوسی اور بے عملی راہ پا گئیں جن کا ذکر تاریخوں اور سفرناموں میں بھی ملتا ہے لیکن ایک ستم رسیدہ قوم میں جو بھوک، افلاس، بیماری، لاعلمی اور بیچارگی کی زد میں ہو، ایسی برائیوں کا شکار ہونا تعجب خیز نہیں۔ ان وقتی برائیوں کے مقابلے میں اہلِ کشمیر نے سخت سے سخت آزمائشی حالات میں بھی شخصیت کی جس صلابت، سچائی اور استواری کا مظاہرہ کیا ہے اور جس خلوص سے انسانی قدروں کو عزیز رکھا ہے، وہ ان کے منفرد و عظیم کردار کا آئینہ ہے۔ انہوں نے ایسے صبر آزما حالات میں اپنی شخصیت کو پراگندگی سے بچانے کیلئے داخلیت پسندی اور خدا پرستی کو اپنا مسلک بنایا اور اس طرح سے عبادات کو روحانی زندگی کا حصہ بنا کر اپنا تحفظ کیا لیکن جن مواقع پر تشدد پسند قوتیں ان کی بیخ کنی پر تُل گئیں۔ انہوں نے دیگر حفاظتی تدابیر مثلاً ترکِ وطن سے کام لیا۔ چنانچہ وہ ملک کے جس حصے میں بھی گئے وہاں نہ صرف کشمیریت کا تحفظ کیا بلکہ اپنے کارناموں سے اسے نئی معنویت عطا کی۔ ایسے لوگوں میں سیاست دان، انجینئر، اطباء، فلسفی، ماہرینِ مذہبیات اور ادبا و شعرا شامل ہیں۔

کشمیریوں نے صدیوں سے نہ صرف دانشوری کی روایت کو برقرار رکھا بلکہ جواں مردی،

شجاعت اور بے باکی کی اعلیٰ صفات کا بھی خوب مظاہرہ کیا ہے۔ اقبال نے لکھا ہے:

"ایک زمانے میں یہ صف شکن بہادر اور نبرد آزما بھی رہ چکے ہیں۹۔ اس ضمن میں کشمیریوں اور مغلوں کی معرکہ آرائی ایک تاریخی حقیقت ہے۔ ۱۹۳۱ء میں جب کشمیر کے لوگوں نے مطلق العنان حکومت کے خلاف جدوجہد کا آغاز کیا تو کشمیری آزادی، عزت نفس اور قومی تشخص کی بحالی اور استحکام کیلئے اپنا سب کچھ داؤ پر لگا کر گولیوں کے سامنے سینہ سپر ہو گئے۔ انہوں نے کوڑوں کی سزا کھائی، جیلوں کی صعوبتیں جھیلیں، گھر بار کی قرقی کروائی، جلاوطن ہوئے، اور آزادی کے حصول کیلئے جدوجہد میں مصروف رہے۔

بہر حال یہ حقیقت ہے کہ کشمیر قومیت کے جدید تصور، جو قومی تشخص کا ضامن ہے، کی نمائندگی کرتا ہے۔ اس کی رو سے گردو اور جماعتوں میں زبان، مذہب، رنگ اور نسل میں اختلافات کے باوجود سماجی رسوم، عقاید اور نظریات میں ہم آہنگی کا ہونا ضروری ہے۔ یہ ہم آہنگی جموں، کشمیر اور لداخ کے لوگوں کو قومیت کے ایک مشترکہ تصور کے قریب لاتی ہے۔ ڈاکٹر سید عابد حسین کے نزدیک قومیت کی تشکیل وہ لوگ کرتے ہیں جو ایک ایسے علاقے میں رہتے ہیں جسے قدرتی حدود نے دوسرے علاقوں سے الگ کر کے ایک مستقل جغرافیائی واحدہ یا ملک بنا دیا ہے اور جن کی تہذیب میں کم و بیش اشتراک پایا جاتا ہے۔

کشمیریوں کے اس متحدہ تہذیبی تصور کو ایک مثال سے واضح کیا جاسکتا ہے۔ یہ ظاہر ہے کہ ہندو دور میں شیو مت کشمیری مزاج کا ایک حصہ بن چکا تھا اور جب چودھویں صدی میں

شاہمیری خاندان نے اسلامی حکومت قائم کی اور ریاست میں مسلمانوں کا ورود ہوا تو ایسے صوفی اور سید بھی وارد کشمیر ہوئے جنہوں نے تصوف اور مذہب کی قدروں کی تبلیغ و اشاعت کی طرف توجہ کی۔ یہ اقدام کسی غیر پسندیدہ ردعمل کا باعث نہ بنا اس لیے کہ شیو مت نے اس کیلیے پہلے سے ہی فضا ہموار کی تھی۔ مسلمان صوفی بھی زندگی، خدا، کائنات اور موت اور انسان دوستی کے بارے میں انہیں خیالات کا اظہار کرتے رہے جن کو یہاں کے لوگ پہلے ہی عبادت کا درجہ دیتے تھے۔ دونوں میں مطابقت کا یہ عالم رہا کہ ایک نیا متصوفانہ مسلک ظہور پذیر ہوا۔ جو رشی مت کے نام سے مشہور ہوا۔ یہی وجہ ہے کہ مسلمان بزرگوں مثلاً نند رشی (چرار شریف) اور رشی صاحب (اننت ناگ) کی زیارت گاہوں پر مسلمانوں کی طرح ہندو بھی جاتے ہیں اور منتیں مانتے ہیں۔

بس کشمیریت ایک زندہ، توانا اور ہمہ گیر تہذیبی اکائی کے مترادف ہے۔ موجودہ دور میں جبکہ رسل و رسایل کے سائنسی طریقوں اور سیاسی تبدیلیوں نے بین الریاستی اور بین الاقوامی سطحوں پر تہذیبی لین دین اور تاثر پذیری کے امکانات کو وسیع کیا ہے، کشمیریت کو یقیناً نئے چیلنجوں کا سامنا ہے لیکن اپنی تاریخ، روایات اور عہد بہ عہد ارتقاء کے پیش نظر یہ بات وثوق سے کہی جا سکتی ہے کہ یہ تمام آزمائشوں میں پورا اترے گی اور اپنے تشخص اور قومیت کو قائم رکھے گی۔

ریاست جموں و کشمیر میں اردو شاعری

کشمیر میں ازمنۂ قدیم میں سنسکرت زبان رائج تھی۔ لیکن چودھویں صدی سے کشمیر میں سلمانوں کے ورود اور پھر ان کی عملداری کے نتیجے میں فارسی زبان کو درباری زبان کا درجہ ملا اور پھر اس زبان میں شعر و ادب کا اچھا خاصا ذخیرہ جمع ہو گیا۔ یہ زبان لگ بھگ چھ سو سال تک برسر اقتدار رہی۔ یہ مزدور ہے کہ مختلف ادوار میں کئی کشمیری شعراء جن کی مادری زبان کشمیری ہے کشمیری زبان کو اپنے شعری تجربات کے اظہار کا وسیلہ بناتے رہے۔ اردو کا جہاں تک تعلق ہے وہ ریاست میں انیسویں صدی کے نصف آخر میں متعارف ہوئی۔ اس زمانے میں ریاست پر ڈوگرہ راجاؤں کی حکومت تھی اور کئی ایسے حالات پیدا ہوئے تھے، جو ریاست میں اردو کو روز بروز مقبولیت حاصل کرنے اور یہاں کی سماجی، سرکاری اور تہذیبی زندگی میں قدم جمانے میں سازگار ثابت ہوئے۔ فارسی کے سرکاری زبان ہونے کے نتیجے میں

کشمیری زبان پر لسانی اور تہذیبی اعتبار سے گہرے اور دوررس اثرات ثبت ہوئے تھے۔ قدرتی طور پر جب اہلِ کشمیر اردو سے متعارف ہوئے تو انہیں اس زبان کو سیکھنے میں دشواری محسوس نہ ہوئی کیونکہ اردو بھی تو لسانی اعتبار سے فارسی ہی سے متاثر ہے۔ اس زمانے میں ریاست کے پنجاب اور یوپی کے نواحی علاقوں سے قریبی تعلقات تھے۔ اردو پنجاب اور یوپی میں بہت مقبول تھی اس لیے اردو کے شعراء اور ادباء وارد ریاست ہو کر اردو کی مقبولیت کا باعث بنے ادیبوں اور شاعروں کے علاوہ عام لوگ تجار، سیاح اور سرکاری آفیسر بھی باہر سے آتے رہے اور مقامی لوگوں سے اردو میں بات چیت کرتے رہے۔ ۱۸۶۲ء میں طبقات الارض کے ماہر فریڈرک ڈریو نے ریاست میں اردو کی مقبولیت کے بارے میں لکھا ہے :

"ہندوستان سے آنے والے ملازم لوگ بلاشبہ ہندوستانی (اردو) بولتے ہیں اور مقامی لوگ اسے سمجھ لیتے ہیں"۔

۱۸۸۹ء میں مہاراجہ پرتاب سنگھ نے اردو کی بڑھتی ہوئی مقبولیت کے پیش نظر اسے سرکاری زبان کا درجہ دے دیا۔ چنانچہ یہ دفاتر اور عدالتوں میں رائج ہو گئی اور تعلیمی اداروں میں پڑھائی جانے لگی۔ مہاراجہ رنبیر سنگھ کے عہد میں اردو کے حق میں چند اور اقدامات کئے گئے۔ بعض کشمیریوں نے لاہور سے اخبارات جاری کئے جن میں خیر خواہ کشمیر، مراسلۂ کشمیر، بہار کشمیر اور اخبار عام قابلِ ذکر ہیں۔ محمد دین فوق نے پنجۂ فولاد اور کشمیر میگزین شائع کیا۔ ۱۹۲۰ء میں "انقلاب" جاری ہوا اور اس میں کشمیریوں کے استحصال اور بے چارگی کی آواز بلند ہونے

لگی۔

انیسویں صدی کے اواخر میں "بدیا بلاس سبھا" قائم ہوئی۔ اس کے اہتمام سے نئی کتابیں اردو میں ترجمہ کی گئیں اور "بدیا بلاس" کے نام سے اردو ہندی کا اخبار بھی نکلنے لگا۔ ۱۸۸۲ء میں ہر گوپال کول خستہ کی پہلی اردو تاریخ گلدستۂ کشمیر شائع ہوئی۔ وہ تحفۂ کشمیر کے نام سے اخبار بھی نکالتے تھے۔

موجودہ صدی کے آغاز سے ریاست میں اردو کے شعر و ادب کیلیے فضا سازگار ہوئی اور ریاست کے کئی شاعروں اور ادیبوں نے اردو ہی کو اپنا وسیلۂ اظہار بنایا اور ان کی منظومات اور مضامین مخزن اور اخباروں کے ادبی ایڈیشنوں میں چھپنے لگے۔ اردو اب نہ صرف تخلیقی زبان بننے لگی بلکہ یہ ریاست کے تینوں خطوں میں رابطے کی زبان کا درجہ حاصل کر گئی اور یہی وہ زبان ہے جو ریاست اور باقی ملک کے ساتھ رابطے کا وسیلہ بن گئی۔ سرکاری دفاتر اور عدالتوں میں اردو رائج رہی، سکولوں اور کالجوں میں اردو پڑھائی جاتی رہی۔ ۱۹۴۷ء کے بعد ریاست میں عوامی حکومت کے قیام کے ساتھ ہی نیا کشمیر کے آئینی منصوبے میں اردو کو سرکاری زبان تسلیم کیا گیا۔ سری نگر اور جموں میں یونیورسٹیوں کے قیام کے ساتھ ہی پوسٹ گریجویٹ شعبے قائم ہوئے اور اردو کی اعلیٰ تعلیم اور تحقیق کے انتظامات کئے گئے۔ کلچرل اکاڈمی ریاست کی زبانوں اور تمدن کو فروغ دینے کیلیے قائم کی گئی۔ اس کے تحت اردو کی ترقی و ترویج کیلیے اہم اقدامات کئے گئے۔ اکاڈمی کے زیر اہتمام اردو کتب کی اشاعت عمل میں لائی جاتی ہے۔ اردو کتابوں پر انعامات دیئے جاتے

ہیں اور مصنفوں کو کتابوں کی اشاعت کیلئے مالی امداد دی جاتی ہے۔ ٹیلی ویژن، ریڈیو اور انفارمیشن کے زیر اہتمام بھی اردو ادب کی مقبولیت میں خاصا اضافہ ہوا اور رسائل جاری ہوئے ان حالات میں شعر و ادب کی ترقی و ترویج کے امکانات روشن تر ہوئے۔

۱۹۴۷ء سے پہلے شعراء کی ایک خاصی تعداد سامنے آئی اور وہ برابر شعر گوئی میں معروف رہے ان میں کشن لعل حبیب، کشن سمیل پوری، ہدایت اللہ فوق، قیس شروانی، رسا جاودانی نرسنگھ داس نرگس، میکش کاشمیری، غلام رسول تنہا، دینا ناتھ مست، عشرت کاشمیری، تنہا انصاری، منوہر لال دل، اللہ رکھا ساغر، کیف اسرائیلی، مولانا چراغ حسن حسرت، قمر قرازی، دینا ناتھ رفیق، نند لال کول طالب، نند لال کول بے غرض، شہ زور کاشمیری نیر غلام رسول نازکی، مرزا کمال الدین شیدا، وشوا ناتھ درماہ، غ م طاؤس، شیخ غلام علی بلبل کاشمیری خاص طور سے قابل ذکر ہیں۔ ان شعراء کا کلام مقامی اور غیر مقامی جرائد میں چھپتا رہا۔ یہ شعراء بالعموم تقسیم وطن سے پہلے کے اہم شعری رجحانات مثلاً وطنیت، حسن و عشق، منظر نگاری، آزادی اور سماجیات کا اظہار کرتے رہے۔ ان میں سے کئی شعراء کے شعری مجموعے منظر عام پر آئے۔ ان میں غلام حسین تنہا کا "شبستان" غلام رسول نازکی کا "دیدۂ تر" نند لال کول طالب کا "رشحاتِ قلم" قمر قرازی کا "ارمغانِ کشمیر" کشن سمیل پوری کا "فردوس وطن" رسا جاودانی کا "نیرنگ غزل" اور "نظم ثریا" منوہر لال دل کا "نقدِ دل" دینا ناتھ رفیق کا "سنبل و ریحان" نند لال کول بے غرض کا "ترانۂ بے غرض" غ م طاؤس کا "موج موج" شیخ غلام علی بلبل کا "خندۂ گل"

قابل ذکر ہیں۔

وشوا ناتھ درماہ اس دور کے مشہور شاعر ہیں۔ انہوں نے مناظر فطرت اور مذہبی تقریبات پر نظمیں لکھی ہیں۔ کشمیر میں آمد بہار پر لکھی گئی نظم کا ایک بند ملاحظہ ہو ؎

گلشن ہستی کا عارض کس لیے ہے لالہ فام ‏ ‏ ‏ ‏ آج کیوں مہکا ہوا ہے باغ جنت کا مشام
ہم کو فطرت دے رہی ہے آج کیوں بھر بھر کے جام ‏ ‏ ‏ ‏ دیکھ ہمدم چشم باطن سے تو عالم کا نظام
ہے عروس دہر کے رُخ پر بہار آئی ہوئی
مردنی زال خزاں کے چہرہ پر چھائی ہوئی

نند لال بے غرض نے بھی مذہبی موضوعات پر نظمیں لکھی ہیں۔ ان کی غزلیں بھی دلچسپ ہیں مثلاً ؎

نہیں سنتا وہ ظالم بے غرضؔ شکوہ ہے لاحاصل
میں تنہا اس طرف اور اس طرف ساری خدائی ہے

قمر قرازی نے کشمیر پر نظمیں لکھی ہیں اور ان کی غزلوں کے بعض اشعار عمدہ ہیں ؎

وہ بیکس ہوں کہ ہنستا ہے زمانہ دیکھ کر مجھ کو
اثر لاتی ہے اپنی زرد روئی زعفران ہو کر

پنڈت تارا چند ترقی سالک اس دور کے معروف شاعر ہیں۔ انہوں نے اپنی نظموں میں وادی کشمیر کے مناظر کی مصوری کی ہے۔ "گل نرگس" ان کی مشہور نظم ہے ؎

نرگس تجھے کس کی جستجو ہے
بیمار صفت جو زرد رد ہے
ہے کس کے فراق میں یہ حالت
ہے کون جو تجھ سے خوبرد ہے

پنڈت نندلال کول طالب نے غزلیں بھی لکھی ہیں اور نظمیں بھی۔ وہ بھی مروجہ موضوعات پر لکھتے رہے۔ ان کا ذوق شعری نکھرا ہوا ہے۔ ۱۹۲۵ء میں ان کا پہلا مجموعہ کلام "رشحات تخیل" شائع ہوا۔ ۱۹۵۲ء میں ان کا دوسرا مجموعہ "مرقع افکار" چھپ گیا۔ غزل کا ایک شعر یہ ہے ؎

مری آنکھوں میں حسن یار کی تصویر پنہاں تھی
تو میرے روکنے سے پاسباں کے ہاتھ کیا آتا؟

ان کی مشہور نظم "بہار کشمیر" میں سرینگر کے خوب صورت مقامات کا ذکر ہے۔ انہوں نے قومی اور مذہبی موضوعات پر بھی نظمیں لکھی ہیں۔ "عالم مجاز" کا ایک بند یہ ہے ؎

بہار میں شباب ہے　　شباب انتخاب ہے
نظر کی آب و تاب ہے　　کہ حسن لاجواب ہے
مذاب ہے ثواب ہے　　سکون و اضطراب ہے
یہ عالم مجاز ہے
کہ زندگی کا راز ہے

رسا جاودانی کا پہلا مجموعہ کلام "صحرا" ۱۹۴۸ء میں شائع ہوا۔ دوسرا مجموعہ "نظم ثریا" ۱۹۶۲ء میں شائع ہوا۔ رسا جاودانی کو غزل لکھنے پر قدرت حاصل ہے۔ ان کا اسلوب سادہ و پُرکار ہے

تیری فرقت میں تجھ سے ملنے تک
تیرے پیغام کا سہارا ہے

ہے غنیمت اگر میسر ہو
ایک لمحہ بھی شادمانی کا

کشن سمیل پوری بھی ایک قادر الکلام شاعر ہیں۔ ان کی نظمیں اور غزلیں فکر و فن کے امتزاج کی مظہر ہیں

کہیں دیر و کعبہ کے درمیاں کوئی اک حسین مقام تھا
وہاں رقص تھا، وہاں جام تھا، وہیں جا کے ہم بھی ٹھہر گئے

دینا ناتھ مست نے کشمیر کے مشہور اور خوب صورت مقامات پر دلکش نظمیں لکھی ہیں۔ وہ ایک پختہ مشق شاعر ہیں۔ وہ گہرا سماجی اور وطنی شعور رکھتے ہیں۔ مرزا کمال الدین شیدا بھی ایک قادر الکلام شاعر ہیں۔ انہوں نے عصری موضوعات پر بھی نظمیں لکھیں اور غزل میں بھی اپنی طبیعت کے جوہر دکھاتے رہے۔ منوہر لال دل غزل کی زلف گرہ گیر کے اسیر رہے۔ وہ قدیم رنگ سخن میں لکھتے رہے۔

تمام عمر رہا سامنا قیامت کا
غم حبیب کی خاطر، غم جہاں کے طفیل

میر غلام رسول نازکی کشمیر کے برگزیدہ شاعر ہیں۔ انہیں زبان و بیان پر کامل قدرت حاصل ہے۔ وہ غزل اور نظم اور قطعہ تینوں اصناف پر حاوی ہیں۔ نازکی صاحب فارسی اور عربی کے عالم ہیں۔ وہ اردو کے کلاسیکی ادب سے بھی واقفیت رکھتے ہیں۔ اقبالؒ کے اثرات ان کے فکر و فن پر واضح ہیں۔ بشیر زور کاشمیری، سیماب اکبرآبادی کے فارغ الاصلاح تلامذہ میں ہیں۔ ان کا کلام ہندوستان کے معیاری ادبی جرائد میں چھپتا رہا ہے۔ ان کے یہاں اقبالؒ کے فکر و فن اور پیغام کا اثر نمایاں ہے۔ وہ زبان و بیان کی صفائی اور شائستگی کا گہرا شعور رکھتے ہیں۔

ان شعراء کے علاوہ ریاست کے کئی اور شعراء برابر اپنے خیالات اور محسوسات کو اردو کا جامہ پہناتے رہے اور ان کا تخلیقی سفر برابر جاری ہے۔ ان میں قیصر قلندر، شوریدہ کاشمیری، سیفی سوپوری اندرجیت لطف، عرش صہبائی، عابد مناوری، قاضی غلام محمد، نشاط انصاری، دردیا رتن عاصی اور رہبر جدید قابل ذکر ہیں۔ قیصر قلندر بنیادی طور پر رومانی ذہن رکھتے ہیں۔ ان کے یہاں خواب، افسردگی اور آرزومندی کے احساسات ملتے ہیں۔

جب درد کی شمعیں جلتی ہیں احساس کے نازک سینے میں
اک حسن سا شامل رہتا ہے پھر تنہا تنہا جینے میں

انہوں نے کئی نظمیں بھی لکھی ہیں اور ان کے غنائیوں کا ایک مجموعہ "ساز جمال" کے عنوان

سے چھپ چکا ہے۔ شوریدہ کاشمیری زندگی کے کھردرے پن کو اپنا موضوع بناتے ہیں۔ ان کے موضوعات متنوع ہیں۔ وہ شاعری میں کلاسیکی روایات کی پاسداری کرتے ہیں۔ سیفی سوپوری غزل کے شاعر ہیں۔ وہ بھی کلاسیکی انداز میں لکھتے رہے۔ لیکن حالیہ برسوں میں جدیدیت کے رجحان کے تحت ان کے یہاں عصری حسیت کے بعض پہلوؤں کی پیکر تراشی ملتی ہے۔ وہ بلاشبہ لفظاد پیکر کے اداشناس ہیں۔ عرش صہبائی کی غزلیں ملک کے ادبی جرائد میں چھپتی ہیں۔ ان کے یہاں داخلی احساسات کی مرقع کاری ملتی ہے۔ عابد مناوری بھی شاعر غزل ہیں۔ وہ خارجی حالات کا سامنا کر کے اپنے باطن میں پیدا ہونے والے تاثرات کی نہایت بلیغ اور رمزیہ مصوری کرتے ہیں۔ قاضی غلام محمد مزاحیہ شاعر ہیں وہ زندگی اور سماج کے کھردرے پن اور تضادات کا گہرا شعور رکھتے ہیں اور ان سے رنجیدہ ہونے کی بجائے ان پر قہقہہ لگاتے ہیں۔ زبان و بیان پر ان کو کامل عبور ہے اور وہ بلاشبہ ایک پختہ کار مزاحیہ شاعر ہیں۔

۱۹۵۵ء سے ۱۹۶۰ء تک ریاست میں اردو شاعری ایک نئے موڑ پر آئی۔ یہ وہ زمانہ ہے جب ملکی سطح پر شعراء اور ادباء کے ذہنی رویوں میں انقلاب خیز تبدیلی نمودار ہونے لگی۔ نئے شعراء تقسیم وطن کے مروجہ شعری رجحانات مثلاً فطرت نگاری، انقلابیت، وطنیت، اقبال پسندی، خارجیت اور مقصدیت سے انحراف کر کے داخلیت پسندی، دروں بینی اور علامت نگاری کی جانب راغب ہوئے۔ کشمیر میں اس زمانے میں شعراء کی ایک نئی نسل سامنے آ چکی تھی۔ نئے شعراء نے ریاستی حالات و واقعات سے متاثر ہو کر اور پھر ملکی اور بین الاقوامی سطحوں پر رونما

ہونے والے افکار و واقعات سے گہرا تاثر قبول کیا اور وہ ایک نئے تناظر میں شخصی، ملکی اور انسانی مسایل کو دیکھنے لگے۔ یہ جدیدیت کا نقطۂ آغاز تھا۔ نئے شعراء جدیدیت کے تحت بنیادی طور پر انسانی اقدار کی پامالی اور بے حرمتی کے دلدوز مناظر کے نوحہ خواں بن گئے اور انہوں نے اپنے عہد کے آشوب کی علامتی پیکر تراشی کی ۔ نئے شعرا میں راقم کے علاوہ حکیم منظور، خالد بشیر، رفیق راز، اقبال فہیم، مسعود سامون، منیب الرحمان، اشرف ساحل، شہباز راجوردی، مظفر ایرج، شجاع سلطان، فاروق مضطر، محمد یٰسین، پرتپال سنگھ بے تاب، فاروق آفاق، رخسانہ جبیں، احمد شناس، رفیق ہمراز، جاوید آذر شامل ہیں ۔

کشمیر کے نئے شعراء کے کلام میں محرومی، فریب شکستگی اور بیچارگی کے اثرات زیادہ نمایاں ہیں۔ وہ ریاستی سطح پر استحصالی قوتوں کے جمہوریت، آزادی، قومی تشخص اور عزتِ نفس کے اقدار کی بیخ کنی پر نالاں ہیں اور کبھی کبھی ان کے لہجے میں اضطراب، تلخی، نفرت اور بغاوت کی شعلگی کا احساس ہوتا ہے ۔

۷۸

ریاست جموں و کشمیر میں اردو نثر

۱۸۸۹ء میں مہاراجہ پرتاب سنگھ نے ریاست میں اردو زبان کی روز افزوں مقبولیت کے پیش نظر اسے سرکاری زبان کا درجہ عطا کیا اور فوراً بعد ریاست کے سکولوں، عدالتوں اور محکمہ مال میں اردو کا چلن ہوا۔ اس سے پہلے ۱۸۶۲ء میں جموں میں بدیا بلاس پریس قائم ہوا تھا۔ اس پریس کے زیر اہتمام "بدیا بلاس" کے نام سے ایک اردو ہندی گزٹ شائع ہونے لگا تھا۔ اس زمانے میں دوسرا اقدام یہ کیا گیا کہ ایک دار الترجمہ کا قیام عمل میں لایا گیا۔ اس کے زیر اہتمام بعض کتابیں اردو میں شائع ہوتی رہیں۔ ۱۸۷۳ء کو ہرگوپال خستہ کی جموں و کشمیر کی پہلی اردو تاریخ "گلدستۂ کشمیر" شائع ہوئی۔ بیسویں صدی کے آغاز میں جموں میں "بزم سخن" اور سری نگر میں خوشی محمد ناظر کے "حلقہ مفرح القلوب" کے قیام سے شعر و ادب کی ایک سازگار اور بار آور فضا قائم ہوئی۔

ریاست میں اردو نثر کا قدیم نمونہ ہرگوپال خستہ کی "گلدستۂ کشمیر" ہے۔ اس سے پہلے بھی کئی رسالے، فرامین، اشتہارات اور تراجم اردو میں لکھے گئے ہیں لیکن لسانی اعتبار سے ان کی اہمیت مسلم ہے، ادبی اعتبار سے ان کی کوئی اہمیت نہیں۔ بعض جز ہیں شناحسن بن علی کی "واقعات کشمیر" (۱۸۹۶ء) جو ان کی ڈائری ہے ابھی مسودہ کی شکل میں ہے۔ البتہ ہرگوپال خستہ کی "گلزار فوائد" کی ادبی اہمیت ہے۔ یہ ایک قصہ ہے جو ڈپٹی نذیر احمد کے مراۃ العروس کے تتبع میں لکھا گیا ہے۔ اس کتاب میں زبان کی سادگی بھی ملتی ہے اور عبارت مقفیٰ و مسجع بھی۔ ہرگوپال خستہ کے بھائی سالک رام کول سالک اپنا اخبار "خیر خواہ کشمیر" جاری کرنے کے ساتھ ساتھ دوسرے اخباروں کیلئے بھی نثری مضامین لکھتے رہے۔ ان کی دو کتابیں "لغات اردو" اور "محاورات اردو" قابل ذکر ہیں۔ سالک نے ایک قصہ بعنوان "داستانِ جگت روپ" لکھا ہے لیکن وہ اشاعت پذیر نہیں ہوا ہے۔

موجودہ صدی کے آغاز میں ریاست میں ادبی ماحول قائم ہو گیا تھا۔ منشی سراج الدین خان نے "مفرح القلوب" قائم کر کے اور اس کے زیر اہتمام مشاعرے قائم کر کے مقامی شعراء کو اردو میں لکھنے کی ترغیب دی۔ کئی سربرآوردہ شعراء یہاں آتے رہے اور ریاست کے ادب دوست حضرات ان کے کلام سے محظوظ ہوتے تھے۔ جموں میں بھی اردو اخبارات (جو لاہور میں چھپتے تھے) کی آمد سے ادبی ہلچل پیدا ہوئی تھی۔ سنہ ۱۹۲۴ء میں جموں سے لالہ ملک راج صراف نے اردو کا پہلا اخبار "رنبیر" جاری کیا۔ اس دور میں ادبی افق پر منشی محمد دین فوق ایک دمکتے تارے کی طرح

نمودار ہوئے۔ وہ صاحبِ کمال اہلِ قلم تھے۔ وہ مورخ، صحافی، شاعر اور نثر نگار تھے۔ ان کے مراسم اس عہد کے معروف و معتبر ادیبوں اور شاعروں سے تھے۔ علامہ اقبال ؒ سے ان کا گہرا تعلق تھا۔ فوق نے ریاست میں اردو نثر کی گرانقدر خدمت انجام دی۔ انہوں نے کئی نیم تاریخی قصے لکھے، وہ افسانے اور تذکرے بھی لکھتے رہے۔ اسی دور میں چراغ حسن حسرت بھی صحافت میں غیر معمولی شہرت حاصل کر گئے۔ وہ مشہور افسانہ نگار بھی تھے اور مزاح نگاری میں ان کے جوہر خوب کھلتے تھے۔

ریاست میں دراصل ادبی نثر کے عمدہ اور قابلِ قدر نمونے افسانوں ہی کی صورت میں ملتے ہیں۔ اس سلسلے میں سب سے پہلا اہم نام تیرتھ کاشمیری کا ہے۔ وہ ۱۹۰۳ء میں پیدا ہوئے انہوں نے ۱۹۲۳ء میں لکھنا شروع کیا۔ وہ اخبار عام اور کشمیری میگزین میں لکھتے رہے۔ اس کے بعد وہ ۱۹۳۱ء سے ریاست کے اخبارات مثلاً وتستا، ہمدرد اور مارتنڈ میں افسانے اور مضامین لکھتے رہے۔ پروفیسر عبدالقادر سروری لکھتے ہیں :۔

" تیرتھ اپنے افسانوں کیلیے مواد ہر گوشے سے حاصل کرتے ہیں اور اسے نئے نئے انداز اور اسلوب سے پیش کرتے ہیں۔ تاریخ، دساتیر، عام زندگی اور اس کے اخلاقی پہلوؤں کے بارے میں انہوں نے کئی افسانے لکھے ہیں"۔

ان کے افسانوں میں "چندرادل"، "اندھی ماں"، "تلاشِ حق" اور "پاگل کا خط" قابلِ ذکر ہیں۔ تیرتھ کاشمیری نے انشائیے بھی لکھے ہیں۔ مثلاً کتاب کے عنوان سے لکھتے ہیں :۔

"زندگی کی یہ کتاب میں نے لکھنا شروع کی اور اس میں لڑکپن، جوانی اور ادھیڑپن کے انوکھے تجربے بیان کئے۔ خیال تھا کہ یہ مقبول ہوگی۔ لیکن دیکھا۔۔ مقبول ہونے کی کوئی سبیل نہیں، اس لیے جسم کے انگ انگ میں محسوسات، وسوسات اور خواہشات، درد و کرب اور بے چینی کی نہ دیکھی، جانے والی لہریں۔۔۔ روز افزوں امڈنے لگیں"۔

تیرتھ کاشمیری کے زمانے میں کئی اور ادیب ریاستی اور غیر ریاستی اخبارات میں افسانے اور انشائیے لکھتے رہے۔ ان میں پریم ناتھ پردیسی، تارا چند ترسل، وشوا ناتھ درماہ۔۔، دینا ناتھ مٹو، گنگا دھر بھٹ دیہاتی وغیرہ شامل ہیں۔ پردیسی نے لکھنے کا آغاز شاعری سے کیا لیکن اس کے بعد انہوں نے ۱۹۳۲ء سے افسانہ نگاری کی طرف توجہ کی اور متواتر تادم مرگ لکھتے رہے۔ ابتدائی دور میں وہ "ادب لطیف" اور ٹیگوریت کے زیر اثر ہلکی پھلکی رومانی کہانیاں لکھتے رہے۔ لیکن اسی زمانے میں پریم چند کی حقیقت نگاری اور ترقی پسند تحریک کے زیر اثر سماجی زندگی کے گمبھیر مسائل کی افسانوی پیش کش کو غیر معمولی اہمیت مل رہی تھی۔ پردیسی کی نظر اردو افسانوی ادب اور اس کے اسالیب و موضوعات پر تھی۔ انہوں نے اپنے ذہنی رویّے میں بھی تبدیلی پیدا کی اور اہل کشمیر کے گھریلو، سماجی، سیاسی اور نفسیاتی مسائل کو اپنے افسانوں کا موضوع بنایا۔ ان کے تین افسانوی مجموعے "شام و سحر"، "دنیا ہماری" اور "بہتے چراغ" اشاعت پذیر ہوچکے ہیں۔ پردیسی اردو کے اہم اور معروف افسانہ نگار ہیں۔ ان کی اہمیت

صرف ریاست کی حدود تک محدود نہیں بلکہ جس ژرف بینی، دردمندی اور فن کارانہ شعور کے ساتھ انہوں نے انسان کے بنیادی نفسیاتی اور جبلی مسایل کو افسانوں میں پیش کیا اس کے نتیجے میں ان کا شمار ہندوستان کے بلند پایہ افسانہ نگاروں میں ہو سکتا ہے۔ پردیسی کو اردو زبان پر قدرت ہے۔ وہ سادہ، رنگین اور دلچسپ نثر لکھتے ہیں۔

پریم ناتھ پردیسی کے ساتھ پریم ناتھ در کا نام لیا جا سکتا ہے۔ پریم ناتھ در ملازمت کے سلسلے میں ریاست کے باہر رہے۔ لیکن ان کا محبوب موضوع کشمیر اور اہلِ کشمیر ہی رہا۔ "کاغذ کا واسدیو" ان کا پہلا افسانوی مجموعہ ہے۔ اس مجموعے میں کاغذ کا واسدیو" اور "گیت کے دو بول" بلند پایہ افسانے ہیں۔ پریم ناتھ در نے کشمیریوں کی مفلوک الحال زندگی کے مرقعے کھینچے ہیں۔ وہ کشمیری زندگی کا دردمندی اور خلوص سے مطالعہ کرتے ہیں اور پھر اپنے موضوع کو افسانوی سحر طرازی سے دلچسپ بناتے ہیں۔ ان کا دوسرا مجموعہ "نیلی آنکھیں" بھی چھپ چکا ہے۔

اس دور میں پنڈت گنگادھر بھٹ دیہاتی بزرگ قلمکار ہیں۔ وہ افسانے، مضامین، انشائیے ادب لطیف، ڈرامے اور شاعری لکھتے رہے۔ ان کی کہانیاں بقول عبدالقادر سروری "تین سو سے زیادہ ہیں"۔ ان کی کہانیوں میں طنز و مزاح کی چاشنی ہے۔

یہ وہ دور ہے جب ریاست میں ترقی پسند تحریک کے اثرات پھیلنے لگے۔ سرینگر اور جموں میں لکھنے والوں نے اس تحریک کے تحت طبقاتی مسایل کو اپنا موضوع بنایا۔ جموں میں نرسنگھ داس نرگس،

ایڈیٹر چاند" حقیقت پسندی سے مجبور اور معصوم عوام کی زندگی کے بارے میں کہانیاں لکھتے رہے ان کا افسانوی مجموعہ "دکھیا دیس" چھپ چکا ہے۔

افسانہ نگاری کے علاوہ اسی عہد میں تنقید و تحقیق کی جانب بھی توجہ دی جانے لگی۔ اس میدان میں محمد نور الٰہی نے ۱۹۲۴ء میں ناٹک ساگر شائع کی۔ یہ اردو میں ڈرامہ نگاری پر پہلی کتاب ہے جو لاہور سے شائع ہوئی۔ محمد عمر اور نور الٰہی جموں کے تھے اور ڈرامہ اور اس کے سٹیج سے گہری دلچسپی رکھتے تھے۔ ان کی کتاب ناٹک ساگر کا مقدمہ پنڈت برجموہن دتاتریہ کیفی نے لکھا ہے۔ یہ کتاب بہت جلد شہرت حاصل کر گئی۔ اس کتاب میں جو اسلوب نگارش ہے وہ صاف، سیدھا اور عام فہم ہے۔ محمد عمر نے "ناٹک کتھا" بھی لکھی ہے اس میں قدیم ہندوستانی ڈرامے جمع کئے گئے ہیں۔

تحقیق و تنقید میں عبدالاحد آزاد کا نام نمایاں ہے۔ انہوں نے کشمیری زبان و ادب کی تاریخ اردو میں لکھی ہے۔ یہ تاریخ تین جلدوں میں کلچرل اکاڈمی نے شائع کی ہے۔ آزاد نے غیر معمولی تحقیق و جستجو سے للہ دید سے مہجور تک کشمیری شعراء کے بارے میں مواد حاصل کیا ہے اور ایک قابل مطالعہ تذکرہ ترتیب دیا ہے۔ آزاد نے تاریخ لکھتے ہوئے حالی اور شبلی کے اسالیب سے اکتساب فیض کیا ہے۔ اس دور میں نند لال طالب نے شاعری کے علاوہ تحقیق و تنقید میں قابل قدر کام انجام دیا۔ انہوں نے غالب پر "جوہر آئینہ" کے نام سے ایک اہم کتاب لکھی۔

موجودہ صدی کے نصف اول میں افسانہ نگاری میں کئی اور نام ملتے ہیں۔ ان میں شیام لال رینہ

نند لال بے غرض، دینا ناتھ دلگیر، اسیر کاشمیری، کیف اسرائیلی، محمود ہاشمی، محجوبہ یاسمین، گلزار احمد فدا، اور غلام حیدر چشتی قابلِ ذکر ہیں۔ تقسیم وطن کے بعد کئی ادیب اور شاعر پاکستان چلے گئے۔ ان میں قدرت اللہ شہاب، کیف اسرائیلی، کوثر سیمابی، محمود ہاشمی وغیرہ قابلِ ذکر ہیں۔

تقسیم وطن کے بعد ریاست میں حصول آزادی کے نتیجے میں ریاست کے ادیب اور شاعر ایک نئی سماجی، تہذیبی اور ذہنی صورت حال کا سامنا کرنے لگے۔ ریاست میں تعلیم کی ترقی اور وسعت کے نتیجے میں لکھنے والے اردو کے علاوہ مغربی ادب سے واقفیت پیدا کرنے لگے اور عالمی ادب کے نت نئے رجحانات سے واقف ہو گئے۔ ریاست کے لوگ سماجی اور فکری اعتبار سے ایک نئے دور میں داخل ہو گئے۔ نئے سماجی اور ذہنی مسایل پیدا ہو گئے۔ اردو زبان اب بھی مقبول تھی لیکن نئے حالات میں علاقائی زبانیں بیداری کی ایک نئی کروٹ لینے لگیں جموں میں ڈوگری اور کشمیر میں کشمیری زبان میں لکھنے لگے۔ اس دور میں کئی افسانہ نگار اردو میں لکھنے لگے۔ ان میں ٹھاکر پونچھی، ملی محمد لون، اختر محی الدین، دیپک کول، وید راہی اور تیج بہادر بھان قابلِ ذکر ہیں۔ ان افسانہ نگاروں نے جدت پسندی سے کام لے کر گردو پیش کی زندگی کے مسایل پر عمدہ افسانے لکھے۔ لیکن ان میں سے کئی افسانہ نگار بہت جلد اردو کی بجائے مادری زبانوں میں لکھنے لگے۔ ان میں اختر محی الدین اور علی محمد لون قابلِ ذکر ہیں۔ اختر محی الدین کی کہانی 'پونڈرہح' فکر وفن کے امتزاج کی ایک اچھی مثال ہے۔

علی محمد لون نے کئی اچھی کہانیاں اردو میں لکھی ہیں۔ ان کا ایک ناول "جہاں میں رہتا ہوں" ان کے باریک مشاہدے اور زبان و بیان کی پختگی کا مظہر ہے۔

۱۹۵۰ء کے بعد افسانہ نگاروں کی ایک نئی نسل سامنے آئی۔ اس کی نمائندگی پشکر ناتھ، موہن یاور، ساگر کاشمیری، برج پریمی، رمیش کول، غلام رسول سنتوش، ریاض پنجابی، نور شاہ، شبنم قیوم اور رام کمار ابرول کرتے ہیں۔ ان افسانہ نگاروں میں پشکر ناتھ، نور شاہ اور موہن یاور کی افسانہ نگاری کی شہرت ریاست کی سرحدوں کو پار کر کے پورے ملک میں پھیل گئی۔ ان کے ایک سے زائد افسانوی مجموعے شائع ہو چکے ہیں۔ پشکر ناتھ کے "اندھیرے اجالے"، "ڈال کے باسی" اور "عشق کا چاند اندھیرا" نور شاہ کا "بے گھاٹ کی ناؤ" اور راقم کے "وادی کے پھول"، "برف میں آگ" اور "سراب" چھپ چکے ہیں۔ پشکر ناتھ سماجی قوتوں کے زیر اثر زندگی کے دکھ کو موثر انداز میں پیش کرتے ہیں۔ نور شاہ رومانوی ذہن رکھتے ہیں۔ راقم کے افسانوں میں خوابوں کی شکست کے درد و کرب کی نشاندہی کی گئی ہے اس دور میں ہردے کول بھارتی کے اردو کے بعض افسانے ان کے زندگی کے گہرے مطالعے کی پیداوار ہیں۔ حالیہ برسوں میں عمر مجید، کشوری منچندہ، ویریندر پٹواری، کلدیپ رعنا، آنند لہر، بشیر شاہ، انیس ہمدانی، غمگین غلام نبی اور شمس الدین شمیم نے ریاست میں افسانوی روایت کی توسیع کی ہے۔ افسانہ نگاری کے ساتھ ساتھ علی محمد لون، ٹھاکر پونچھی، تیج بہادر بھان، نور شاہ، راقم اور غلام رسول سنتوش نے کئی ناول لکھے ہیں۔

جہاں تک تنقید و تحقیق کا تعلق ہے اس شعبے میں گذشتہ تین دہوں میں کئی قلم کار نظر آتے ہیں جنہوں نے اردو اور کشمیری ادب کے حوالے گرانقدر تحقیقی کام انجام دیا ہے اور تنقید میں گرانقدر اضافے کئے ہیں۔ ان میں راقم کے علاوہ 'میر غلام رسول نازکی' غلام رسول ملک' اکبر حیدری' ڈاکٹر ظہور الدین' محمد یوسف ٹینگ' پروفیسر رحمان راہی' شمیم احمد شمیم' عابد پشاوری' برج پریمی' مرغوب بانہالی' شمس الدین احمد' موتی لال ساقی' رشید نازکی' زمان آزردہ' نشاط انصاری قابلِ ذکر ہیں۔ جدید نسل میں ڈاکٹر نذیر احمد ملک' پریمی رومانی' مجید مضمر اہم تنقیدی کام انجام دے رہے ہیں۔ ادھر منیب الرحمان اور یوسف سلیم نے بھی اچھے مضامین لکھے ہیں۔

حالیہ برسوں میں بسلسلۂ ملازمت ریاست میں باہر کے بعض معتبر اور معروف نقاد اور قلمکار اردو ادب کی خدمت میں مصروف رہے ہیں۔ ان میں سید محی الدین قادری زور' علی جواد زیدی' عبدالقادر سروری' پروفیسر جگن ناتھ آزاد' شکیل الرحمان' آل احمد سرور' مظہر امام' مسعود حسین خان اور عالم خوندمیری نمایاں ہیں۔

حالیہ برسوں میں مظہر امام نے وادی میں اپنے قیام کے دوران نہ صرف "کشمیر کی غزلیں" لکھ کر جدید اردو غزل میں اپنا نشانِ امتیاز قائم کیا بلکہ بعض اہم تنقیدی مقالات بھی لکھے۔ پروفیسر گوپی چند نارنگ نے گذشتہ دو برسوں میں سرینگر میں اپنے طویل قیام کے دوران اسلوبیات اور تنقید کے متعلق معرکۃ الآراء مقالے سپرد کئے۔

طالب کشمیری

طالب کشمیری کا پورا نام پنڈت نند لال کول ہے اور طالب تخلص ہے۔ وہ ۲۵ دسمبر ۱۸۹۹ء کو کشمیری پنڈتوں کے ایک معزز خاندان میں بمقام سرینگر پیدا ہوئے۔ ان کے آباواجداد ریاستی سرکار کے اعلیٰ عہدوں پر فائز رہے ہیں۔ والد ٹھاکر پرشاد کول ریاست کے ایک رئیس اور زمین دار تھے۔ ان کو سنسکرت ادب پر کامل عبور حاصل تھا۔ وہ اچھے خوشنویس بھی تھے۔ ان کے ہاتھ کی لکھی ہوئی سنسکرت کی کتابیں کشمیر کے بعض قدیم خاندانوں میں اب بھی موجود ہیں۔ وہ فارسی ادب میں بھی دستگاہ رکھتے تھے اور مصوری و موسیقی کا بھی شوق رکھتے تھے۔ فارسی اور ہندی میں بھی شعر کہتے تھے۔ فارسی میں صاحب دیوان ہیں۔ ظاہر ہے طالب کو علم و ادب اور شعر و شاعری کا ذوق ورثے میں ملا ہے۔

طالب نویں جماعت تک سائنس پڑھتے رہے۔ لیکن دسویں جماعت میں انہوں نے فارسی کا مضمون لے لیا۔ کالج میں حصولِ تعلیم کے دوران انہوں نے پرائیویٹ طور پر منشی، منشی عالم اور منشی فاضل کے امتحانات اعزاز کے ساتھ پاس کئے۔ بی۔ اے پاس کرنے کے بعد وہ لاہور چلے گئے اور وہاں اردو میں آنرز اور فارسی میں ایم۔ اے کر لیا۔ وہ عربی کا درس بھی لیتے رہے۔ ایم۔ اے کرنے کے بعد وہ ایس پی کالج سرینگر میں فارسی و اردو کے لیکچرر مقرر ہوئے اور پھر صدر شعبہ اردو و فارسی کے عہدے سے ریٹائر ہوئے۔ ۱۹۲۵ء میں ان کے فرزند موتی لال چل بسے۔ اسی صدمۂ جانکاہ نے ان کو ہلا کے رکھ دیا اور وہ دل برداشتہ ہو گئے۔

طالب کو انگریزی، فارسی اور اردو تینوں زبانوں پر کامل عبور حاصل ہے۔ انہوں نے تینوں زبانوں میں مضامین لکھے ہیں۔ فارسی اور اردو میں وہ شعر گوئی کرتے رہے۔ انہوں نے گیارہ برس کی عمر میں ۱۹۱۱ء میں شعر گوئی کا آغاز کیا۔ ان کا پہلا شعر یہ ہے ؎

کیا وہ نہ آئیں "بھوٹو بھی" ہے جذبِ دل وہ چیز
محمل سے ناقہ، ناقہ سے محمل اتار دے

اس وقت کے ایک کہنہ مشق شاعر مولوی امیر الدین امیرؔ نے یہ شعر سن کر ان کی حوصلہ افزائی کی اور انہوں نے فوراً ایک غزل لکھی جس کا ایک شعر یہ ہے ؎

یا تو دل میں جمگھٹے دن رات حسرتوں کے تھے
یا خیالِ یار بھی اس میں قدم دھرتا نہیں

طالب نے آغاز شعر گوئی میں بعض لکھنوی اساتذہ سے استفادہ کیا۔ بعد میں مراسلت کے ذریعے علامہ کیفی دہلوی سے اصلاح لیتے رہے اور یہ سلسلہ اس وقت بھی جاری رہا جب موصوف ملازمت کے سلسلے میں کشمیر آئے۔ آگرہ سکول کے بانی علامہ سیماب اکبر آبادی سے بھی آپ مشورہ سخن کرتے رہے اور پھر انہوں نے طالب کو فارغ الاصلاح قرار دیا۔

طالب کا شمار کشمیر کے ان گنے چنے شعرا میں ہے جو صاحب دیوان شاعر ہیں۔ طالب بنیادی طور پر شاعری کے اس مکتب فکر کے نمائندہ ہیں جو انیسویں صدی میں محمد حسین آزاد اور حالی کی مساعی سے معرض وجود میں آیا اور جس سے بعد میں اسماعیل میرٹھی، نادر کاکوری، سرور جہاں آبادی تلوک چند محروم، کیفی اور چکبست وابستہ رہے۔ طالب نے ان شعرا کے اتباع میں قومی، سیاسی اور وطنی اور مذہبی موضوعات پر نظمیں لکھی ہیں۔ یہ نظمیں کبھی نوروز، بسنت، بہار، شفق اور قوس قزح کے متعلق ہوتی ہیں اور کبھی شکوۂ دوست، نامۂ محبوب، جلوۂ دلدار سے۔ کبھی نور جہاں اور غالب ان کا موضوع فکر ہوتی ہیں۔ کبھی سری کرشن اور جنم اشٹمی اور کبھی کشمیر کے قومی اور ملی مسایل اور جو کچھ وہ کہتے ہیں خوب محسوس کر کے کہتے ہیں۔

طالب کے یہاں موضوعات کا تنوع ہے۔ وہ خارجی نوعیت کے موضوعات پر لکھنے کے باوجود شخصی رد عمل کو برقرار رکھتے ہیں۔ علامہ کیفی لکھتے ہیں:

"ان کے کلام میں ایک خصوصیت یہ ہے کہ وہ ہر طرز میں اپنا رنگ جما سکتے ہیں۔ احساسات قلبی کی تصویر کھینچنے میں ان کو کمال کا

درجہ حاصل ہے یہی حال حقائق نگاری کا ہے"۔

کھل گیا چشم حقیقت بیں میں نقشہ قوم کا
گوش شنوا جس کے حال بد سے تھے نا آشنا
جوش دل میں آگیا' جذبات میں جان آگئی
حالت کیف آفریں دیوار و در پر چھا گئی

(پیغام نوروز)

میں آغوش تنہائی میں سرمست تصور رہتا ہوں
خود گوش ہوش سے سنتا ہوں جب غم کی باتیں کہتا ہوں
جب غم کی باتیں کہتا ہوں سرمست تصور رہتا ہوں

(تنہائی)

طالب کے ابتدائی دور میں روایتی غزل گوئی کا انداز نمایاں ہے :

میری آنکھوں میں حسن یار کی تصویر پنہاں تھی
تو میرے روکنے سے پاسباں کے ہاتھ کیا آتا

لیکن انہوں نے جلد محسوس کیا کہ روایتی غزل ان کا میدان نہ تھا انہوں نے نظم نگاری کی جانب توجہ کی۔ انہوں نے کشمیر کے حسن و جمال سے متاثر ہو کر کئی نظمیں لکھیں۔ عبدالقادر سروری لکھتے ہیں:۔

91

"کشمیر کے اس سخن سنج کیلیے اطراف میں محرکات کی کمی نہیں تھی کشمیر کے حسن اور رعنائیوں پر لکھنا گویا اس کا اولین فریضہ تھا۔ چنانچہ طالب نے کشمیر کے حسین گوشوں کے بارے میں کئی نظمیں لکھی ہیں:"

چھائی ہوئی گھٹائیں گھنگھور آسماں پر
برسا رہی تھیں موتی ابر بہار ہو کر
سرو سہی کی شاخیں تھیں جھومتی ہوائے
یا کوئی لڑکھڑاتا تھا بادہ خوار ہو کر

(بہار کشمیر)

بھڑک اٹھا شرار گل ترنم نشاط میں
عجب مزے ہیں عندلیب و گل کے ارتباط میں
سرور و انبساط میں
سرود انبساط میں طیور نغمہ زن ہوئے
نظر نواز نوبہ نو گلوں کے پیرہن ہوئے
شجر بھی گلبدن ہوئے

(البنت)

محو آرائش عروس نو بہار شام ہے　　　گنبد اخضر پہ عکس ارغواں ہے نور پاش (شفق شام)

طالب زبان کے نکتہ شناس ہیں۔ وہ زبان کی باریکیوں پر نظر رکھتے ہیں۔ ان کے یہاں زبان و بیان کی صفائی اور شائستگی جھلکتی ہے۔ بابائے اردو مولوی عبدالحق نے لکھا ہے :۔

"میں نے جستہ جستہ آپ کا کلام دیکھا، مجھے فی الحقیقت تعجب ہے کہ آپ نے وادی کشمیر میں رہ کر اردو زبان پر ایسی قدرت کیونکر حاصل کرلی۔ یہ آپ کی ذہانت اور فراست کی دلیل ہے اس پر آپ کی نظر، آپ کا بیان قابلِ داد ہے، بیان میں صفائی اور گداز ہے"۔

طالب نے عمر عزیز کا بیشتر حصہ شعر گوئی میں بسر کیا۔ ان کا کلام ملک کے معروف جرائد میں چھپتا رہا۔ ان میں آجکل، ادب لطیف، ادبی دُنیا، انقلاب، پیمانہ، چمنستان، چندن، ریاست، رہنمائے تعلیم، زمانہ، ساقی، شاعر، شاہکار، نظام، سروش، پیکر، کنول، گلشن، محقق، اور معیار سخن قابل ذکر ہیں۔ ظاہر ہے اردو حلقوں میں وہ خاصی شہرت کے مالک ہیں۔

طالب کشمیری کے سوانحی حالات اور نمونہ کلام ذیل کے تذکروں میں چھپ چکا ہے :۔

۱۔ بہارِ سخن — مولفہ برق سیتاپوری
۲۔ بہارِ گلشن کشمیر (جلد اول، دوم) — مولفہ شوق باندھوی
۳۔ خمخانۂ جاوید — مولفہ لالہ سری رام (جلد چہارم و پنجم)
۴۔ ہندو شعراء — مولفہ عشرت لکھنوی
۵۔ ہندوؤں میں اردو — مولفہ رفیق احمد مارہروی

اس کے علاوہ ۱۹۴۶ء اور ۱۹۴۷ء کی بہترین نظموں کے انتخابات (مرتبہ شفیق کوٹی) بعنوان "انجم کدہ" اور "پھول اور کلیاں" میں ان کی دو نظمیں شامل ہیں۔

طالب کشمیری کی مندرجہ ذیل کتابیں چھپ چکی ہیں :۔

۱۔ تصویرِ قوم موسوم بہ ترانۂ طالب : یہ ایک طویل قومی نظم ہے جو مسدس کی صنف میں لکھی گئی ہے۔

۲۔ کلام طالب معروف بہ رشحات التخیل : اس میں ان کا وہ کلام ہے جو ابتداء سے ۱۹۲۵ء تک کا ہے۔

۳۔ مرقعِ افکار : اس میں ۱۹۲۵ء کے بعد کا کلام ہے۔

۴۔ سرمایۂ کلام طالب

کشن سمیل پوری

کشن سمیل پوری جموں کے ایک موضع سمیل پور میں ۱۹۰۱ء میں پیدا ہوئے۔ ان کے خاندان میں تعلیم کی روشنی پھیل چکی تھی۔ ابتدائی تعلیم انہوں نے اپنے ہی موضع میں حاصل کی۔ جموں آکر انہوں نے تعلیم جاری رکھی۔ ان کے چچا پنڈت آگیارام محکمۂ تواضع میں سپرنٹنڈنٹ تھے۔ وہاں کی تعلیم و تربیت میں دلچسپی لیتے رہے۔ کشن سمیل پوری ابتدائی عمر ہی سے موسیقی سے گہرا لگاؤ رکھتے تھے۔ وہ موسیقی و رقص کی محفلوں میں شریک ہوتے۔ لکھتے ہیں:

"چار یا پنج سال کی عمر میں، جس وقت گاؤں کے مراثیوں کے گھر میں سارنگی کے لہرے فضا میں موسیقی کا رس گھولنے لگتے، طبلے کی تھاپ پر کسی کے پاؤں کے گھنگھرو کی جھنکار سنائی دیتی، تو میں بھاگ کر ان کے گھر پہنچتا اور اس وقت تک وہاں سے نہ اٹھتا جس وقت تک وہاں رقص و نغمہ کی وہ

مشق جاری رہتی"۔

رقص و نغمہ کی اس شیفتگی نے کشن کو شاعری کی جانب مائل کیا۔ وہ جب سن شعور کو پہنچے تو انہیں جموں میں ایک ولولہ انگیز شعری ماحول دیکھنے کو ملا۔ شعر و شاعری کا خوب چرچا تھا مشاعرے منعقد ہوتے تھے اور پھر اخبارات اور رسائل نکلنے لگے۔ پنجاب کے مشہور و ممتاز شعراء جموں آکر ادبی سرگرمیوں میں نئی جان ڈالتے تھے۔ خود جموں اور سرینگر کے نامور شعراء مثلاً حکیم مولوی فیروزالدین احمد طغرائی امرتسری، مرزا مبارک بیگ مبارک، قمر قمرازی، ڈاکٹر قیس، ڈاکٹر عمادالدین سوز، پنڈت دشوناتھ درماہ، غلام حیدر چستی اور منوہر لال دل وغیرہ شاعروں میں شریک ہوتے۔ یہ مشاعرے طرحی اور غیر طرحی ہوتے تھے اور شائقین کی ایک بڑی تعداد حاضر ہوتی۔ ایک مشاعرے میں کشن نے بھی ایک طرحی غزل پڑھی جس کا ایک شعر پسند کیا گیا ؎

فیصلہ کر زندگی کا اور نفس کا تار توڑ
حشر میں مل لیں گے لکھا ہے اگر تقدیر میں

مشاعرے میں اس شعر سے متاثر ہو کر طغرائی نے کشن کو شرف تلمذ عطا کیا اور وہ اپنا کلام انہیں دکھاتے رہے۔ اس کے بعد وہ پنڈت ہرکشن لال حبیب سے اصلاح لیتے رہے اور زور و شور سے تخلیق شعر میں معروف رہے۔ وہ جموں سے باہر مثلاً سرینگر کے عظیم الشان مشاعروں میں بھی شریک ہوتے رہے۔ ان کی شہرت پھیلتی گئی اور ان کا شمار ریاست کے اساتذہ میں ہونے لگا۔

کشن سمیل پوری اردو صحافت سے بھی وابستہ رہے۔ ۱۹۲۷ء میں انہوں نے ماہنامہ "جنت"

نکالا۔ اس زمانے میں لالہ ملک راج صراف آسمانِ صحافت پر ایک تابندہ ستارے کی مانند طلوع ہو چکے تھے۔ کشن نے ان کے ساتھ ایک ہفتہ وار "مشیر" بھی جاری کیا۔ پھر اپنا اخبار "دیر" نکالا۔ لیکن صحافت میں ان کے قدم نہ جم سکے۔ مالی دشواریوں کی بنا پر انہوں نے صحافت سے رشتہ منقطع کیا اور وہ ریڈیو کشمیر میں ملازم ہو گئے، جہاں سے وہ ریٹائر ہو گئے۔

کشن سمیل پوری تمام عمر اسی شعری روایت کا اتباع کرتے رہے جو انیسویں صدی میں آزاد اور حالی کے بعد شوق قدوائی، نادر کاکوروی، کیفی، محروم اور چکبست کے ہاتھوں فروغ پا چکی تھی۔ کشن کا شمار ان شعراء میں ہوتا ہے جو مروجہ رجحانات کی آبیاری کرتے ہیں۔ ان کے یہاں وطنیت کا موضوع خاصی اہمیت رکھتا ہے۔ اس ضمن میں انہوں نے تقلید کی بجائے مشاہدہ و فکر کی زد میں آنے والے خیالات و محسوسات کی ترجمانی کی ہے۔ انہوں نے اپنے مولد سمیل پور، جموں اور کشمیر کے حسن خداداد کے بارے میں دلچسپ نظمیں لکھی ہیں۔ سمیل پور کے بارے میں لکھتے ہیں ؎

تالاب کے کنارے کدمبوں کی وہ قطار\
سنتو کھ ناتھ جی کی سمادی وہ باوقار\
مندر کا وہ شکوہ، وہ ہر سمت جلوہ زار\
رنگینیوں پہ ناز ہے، عظمت پہ ہے غرور\
سو جان سے عزیز ہے مجھ کو سمیل پور

کشن کو اپنے وطن جموں و کشمیر سے دلی عشق ہے اور ریاست کے کئی مقامات نے ان کے فکر شعر کو مہمیز کیا ہے اور پھر انہوں نے عمومی انداز میں وہاں کے قدرتی مناظر کی دلکشیوں کی توصیف کی ہے۔ اس ضمن میں ان کی کئی نظمیں مثلاً جموں، دریائے توی، مان سر، بٹوت کی ایک شام، خلد زار بھدرواہ، فردوس وطن، اے وادی کشمیر! اور فصل بہار قابل ذکر ہیں۔ کشن سمیل پوری جمالیاتی احساس رکھتے ہیں۔ ان کی آنکھ حسن فطرت کی دلدادہ ہے۔ ان کے بیان میں روانی ہے۔ وہ خارجی محرکات کے تحت شعر گوئی کی طرف مائل ہوتے ہیں۔ اور شعر گوئی ہی ان کا منتہائے مقصد ہے۔ "شعر و نغمہ کی دیوی سے" میں وہ کہتے ہیں کہ انہوں نے شدائد حیات کا سامنا کر کے شاعری کی نعمت حاصل کی ہے ؎

مری راہ پُر پیچ تھی، پُر خطر تھی
مصائب نے ہر چند مجھ کو ڈرایا
مگر میرا مقصد رہا روبرو ہی
قدم ڈگمگایا نہ میں لڑکھڑایا
غرض یہ کہ اے شعر و نغمہ کی دیوی!
تجھے جان پر کھیل کر میں نے پایا

"میرا وطن ... ڈگر!" کشن کی مشہور نظم ہے۔ اس میں جموں کی مدح کی گئی ہے۔ ایک بند یہ ہے ؎

ہے بات ابھی کل کی، کیوں کہتے پرانی ہے
تاروں نے بھی دیکھی ہے، مورخ نے بھی مانی ہے
اس گُن بھری دھرتی کی یہ سچی کہانی ہے
یہ شیر ہے وہ بکری، اک گھاٹ کا پانی ہے
انصاف کی یہ بھومی، ماضی کی نشانی ہے
فردوس سے بڑھ کر ہے
یہ میرا وطن... ڈگر!

مان سر صوبہ جموں کی ایک مشہور جھیل ہے۔ کشن نے اس کی خوبصورتی کی عکاسی کی ہے ؂

یہ منظر جھیل ہے قدرت کا شاہکار
شاہ و فقیر جس پہ دل و جاں سے ہیں نثار
دیکھیے تو کوئی جھیل سے کہسار کا پیار
آغوش میں لیا ہے اسے ہو کے بیقرار
ساحل پہ ایک ایک نظارا ہے پُر فسوں
پاتا ہے اس جگہ دل مجروح بھی سکوں

"چناب کے ساحل کی ایک شام!" ایک خوبصورت نظم ہے۔ کشن نے برمحل اور متنوع الفاظ سے کئی متنوع تصویریں کھینچی ہیں۔ مثلاً ؂

پربتوں کے دل میں بھی ہے تیری عزت کس قدر
تیرے قدموں میں جھکے رہتے ہیں واللہ ان کے سر
جوش کے عالم میں آکر تو نے بل کھایا جدھر
ہٹ گئے پیچھے وہیں وہ تیرا رستہ چھوڑ کر

کشن سمیل پوری نے حسن کشمیر کے بارے میں کئی عمدہ نظمیں لکھی ہیں۔ یہ کہنا بجا ہوگا کہ کشمیر کے بارے میں جن مقامی یا غیر مقامی شعرا نے نظمیں لکھی ہیں ان میں کشن کی لکھی ہوئی نظمیں مشاہدے کی شادابی، زبان کی برجستگی اور خلوص کی فراوانی میں بے مثال ہیں ؎

یہ جل پری[1]، یہ اس کا تموج یہ ادائیں
کیوں دل پہ نہ چھائیں
جنت میں بھی شاید نہ ہوں یہ مست ہوائیں
مسرور فضائیں
ہر چشمۂ شفاف میں امرت کی ہے تاثیر
اے وادیٔ کشمیر!

(اے وادیٔ کشمیر!)

عجب ہے یہ دنیا، عجب سرزمیں ہے ہر اک چیز اس کی جمیل و حسیں ہے

[1] گگری بل جھیل کو مغل اعظم نے "جل پری" کا نام دے رکھا ہے۔

فلک نیلمی ہے، زمین مخملیں ہے
سحر روح پرور، تو شب دلنشیں ہے
(فردوس کشمیر)

اگر تم نے کبھی فردوس کا نقشہ نہیں دیکھا
لب تسنیم و کوثر، حور کا جلوا نہیں دیکھا
اگر جنت کے پھولوں کا حسیں دستہ نہیں دیکھا
ارم کی وادیوں میں دودھ کا دریا نہیں دیکھا
تو میرے دوست کچھ دن کیلیے کشمیر آجاؤ
(کتوب کشمیر)

کشن سمیل پوری نے ہیکت کے انداز میں بعض اہم شخصیات پر بھی نظمیں لکھی ہیں۔ اس کے علاوہ آئے دن کے سیاسی اور سماجی واقعات کو بھی موضوع سخن بنایا ہے۔ لیکن اس نوع کی شاعری ہنگامی نوعیت کی ہونے کی بنا پر درخور اعتنا نہیں۔

کشن سمیل پوری کی نظموں کا مجموعہ "فردوس وطن" ۱۹۶۱ء میں شائع ہوا ہے۔ انہوں نے غزلیں بھی لکھی ہیں۔

کشن سمیل پوری کے شعری مزاج سے جو خارجیت اور مقصدیت سے گہری مناسبت رکھتا ہے، غزلیں میل نہیں کھاتیں تاہم انہوں نے روایتی انداز میں غزلیں لکھی ہیں اور اپنی

استادی کا ثبوت دیا ہے ؎

ترا دعدۂ ستم ہی اگر استوار ہوتا
مرا ہر ادا اُس لمحہ طرب آشکار ہوتا

مجھے مل گیا وہ نقش پا دہیں لے کشن پڑا رہا
سر راہ سینکڑوں کارواں مرے سامنے سے گذر گئے

نہ زاہد کے مسلک میں کچھ فرق آیا، نہ طور اپنا بدلا کسی برہمن نے
میں لوگوں کی نظروں سے بچتا بچاتا لئے اپنا ایمان چلا جارہا ہوں

کہیں کہیں ان کی غزلوں میں ایسے اشعار بھی ملتے ہیں جو ان کی ذہنی اپج کا پتہ دیتے ہیں۔ وہ گردش کے بدلتے حالات کو دیکھ کر حیرت اور محرومی کا سامنا کرتے ہیں اور اپنے تاثرات کو غزل کی لفظیات میں ابھارتے ہیں۔ مثلاً

کل اور تھا، آج اور ہے اس بزم کا دستور
کل اس کو بدل دے گا کوئی صدر نشین اور

تمام ہو گیا قصہ وہ سب گئے گذرے فنا رسیدہ سفینوں کا تذکرہ نہ کرو

رسا جاودانی

رسا جاودانی کا اصلی نام خواجہ عبدالقدوس دیلو ہے۔ رسا جاودانی ان کا تخلص ہے۔ رسا جاودانی ۱۹۰۱ء میں بھدرواہ کی خوبصورت وادی میں پیدا ہوئے۔ ان کے والد خواجہ منور جو دیلو تجارت پیشہ تھے۔ ان کے خاندان کے جد بزرگوار سکھوں کے عہد میں اسلام آباد سے ہجرت کرکے بھدرواہ میں بس گئے تھے۔ رسا جاودانی کے والد تاجر ہونے کے باوجود فارسی علم وادب سے گہرا لگاؤ رکھتے تھے۔ رسا جاودانی نے فارسی اور عربی کی تعلیم والد ہی سے حاصل کی۔ پھر بھدرواہ میں مڈل پاس کیا۔ پھر سرینگر بدل گئے تاکہ وہاں مزید تعلیم حاصل کریں۔ لیکن واپس بلائے گئے۔ شعر و شاعری سے انہیں بچپن ہی سے لگاؤ تھا۔ رسا بھدرواہ میں ہی تدریسی کام انجام دینے کے بعد ۱۹۵۵ء میں ریٹائر ہوئے۔ وہ کلچرل اکاڈمی کی سنٹرل کمیٹی کے رکن رہے ہیں۔ اس کے علاوہ جموں وکشمیر ٹیکسٹ بک ایڈوائزری بورڈ کے رکن بھی رہے ہیں۔ رسا جاودانی ریاست کے ممتاز شعرا میں شامل ہیں۔ وہ پیدائشی شاعر ہیں بھدرواہ کی

دُور افتادہ وادی میں وہ مسلسل طور پر شعر گوئی میں معروف رہے یہاں تک کہ انہیں زبان پر پورا تعرف حاصل ہو گیا۔ ان کے کلام کے دو مجموعے "لالہ صحرا" اور "نظم ثریا" کے نام سے چھپ چکے ہیں۔ ان کا کچھ کلام متعالی ادبی رسائل مثلاً شیرازہ میں چھپ چکا ہے۔ رسا جاودانی کی مادری زبان کشمیری ہے لیکن انہوں نے اردو ہی کو ذریعۂ اظہار بنایا۔ بعد میں انہوں نے کشمیری زبان میں بھی شاعری کی۔ اردو شاعری میں جب ان کے قدم جمنے لگے تو انہوں نے سیماب اکبرآبادی اور علامہ کیفی دہلوی کو اپنا کچھ کلام بغرض اصلاح بھیجا لیکن دونوں اساتذہ نے ان کے کلام کو پسندیدگی کی نظر سے دیکھا اور اصلاح سے ماورا قرار دیا۔ رسا جاودانی نے کئی بار کل ہند مشاعروں میں شرکت کی اور داد و تحسین حاصل کی۔

رسا جاودانی کو مالی مشکلات کا سامنا کرنا پڑا۔ محمد یوسف ٹینگ کے ایک سوال کے جواب میں انہوں نے کہا ہے:

> "میرے والد ایک صاحب دولت شخص تھے۔ تجارت ان کا پیشہ تھا۔ ہماری اس زمانے میں بھدرواہ میں پانچ دکانیں تھیں جن میں ہر چیز دستیاب تھی لیکن ایک ناگہانی آتشزدگی میں پانچوں دکانیں خاکستر بن گئیں اور ہماری تقریباً ساری دنیائے متاع لٹ گئی۔ ایک اور بار پھر ابتدا کی لیکن ایک اور بار آگ لگی جس کی لپیٹ میں ہماری دکان بھی آگئی اور سب کچھ اس کی نذر ہو گیا۔"

رسا جاودانی کی شادی صغر سنی میں ہوئی۔ ان کی پہلی بیوی سے دو لڑکے

بشیر احمد تاج، جو بھدرواہ میں بلاک آفیسر ہیں، اور خیرات محمد جو پاکستان میں یونیورسٹی کے وائس چانسلر ہیں۔ دوسری بیوی سے تین بچے ہیں۔ رسا جاودانی ناگہانی آفات کا سامنا کرنے کے باوجود شاعری اور موسیقی سے اپنا دل بہلاتے رہے۔ موسیقی سے ان کو بچپن سے لگاؤ تھا اور خود بھی کشمیری غزلیں خاص کر رسول میر کی غزلیں گایا کرتے تھے۔ وہ ہارمونیم بھی بجایا کرتے تھے۔

کلچرل اکادمی نے اردو شعر میں ان کے ممتاز مقام کے پیش نظر انہیں خلعت سے نوازا اور ان کے انتقال (۲۷، مئی ۱۹۷۹ء) پر شیرازہ میں گوشہ رسا جاودانی شائع کیا۔ اس میں رسا کی شخصیت اور فن سے متعلق مضامین شامل ہیں۔

رسا جاودانی نے غزلیں بھی لکھی ہیں اور نظمیں بھی۔ لیکن غزل سے ان کو طبعی مناسبت ہے۔ وہ غزل کے اداشناس ہیں۔ اردو غزل میں متنوع قسم کے احساسات و تجربات کی پیکر تراشی ملتی ہے لیکن عشقیہ محسوسات بالعموم غزل کا محور رہے ہیں۔ ہر چھوٹے بڑے شاعر نے عشقیہ جذبات کا اظہار کیا ہے رسا جاودانی کی غزلوں میں بھی حسن و عشق کے جذبات کا اظہار ملتا ہے جس طرح ان کی زندگی سیدھی سادی، بے تکلف اور بے تصنع تھی اور ان کی ساری زندگی درس و تدریس میں گذری، اسی طرح ان کی غزلوں میں بھی رسا کی عاشقانہ شخصیت اپنی سادگی، جذباتیت، فطری پن، حسن پرستی، غم پسندی عجز دگی کے ساتھ ابھرتی ہے۔ ایسا محسوس ہوتا ہے کہ وہ تمام عمر فکر سخن کے لمحوں میں عشق کی داخلی کیفیات سے گذرتے رہے اور اپنے محبوب کے خال و خد اور زلف و عارض کے خواب دیکھتے رہے۔ وہ وصال کے بجائے فرقت کے صدمے سہتے رہے۔ خوابوں کی اسی چھوٹی سی دنیا میں صرف ان

۱۰۵

کا "گلفام" مرکز نظر آتا ہے اور اسی سے آنکھ مچولی کھیلتا ہوا جذبۂ دل ہے۔ یہ ایک چھوٹی سی دنیا ہے جو عصری شعور کی ہلاکت آفرینیوں سے محفوظ ہے اور اسی نقطۂ نظر سے قصۂ پارینہ کا اعادہ کرتی ہے۔ لیکن یہ حقیقت مسلّم ہے کہ رسا جاودانی نے اپنے احساسات کو عمومیت کی نذر ہونے نہیں دیا ہے۔ انہوں نے جو کچھ لکھا ہے وہ ذات کے حوالے سے لکھا ہے۔ اس طرح سے عامۃ الورود عشقیہ جذبات میں ایک شخصی لمس کی آنچ کا احساس ہوتا ہے جو انفرادیت کی سطح کو چھوتے ہیں۔ دوسری بات یہ ہے کہ رسا نے جو کچھ محسوس کیا ہے اسے مترنم اور آسان لفظوں کے قالب میں ڈھالا ہے اور قاری ان کے جذبہ و احساس کی صداقت اور خلوص سے متاثر ہوئے بغیر نہیں رہتا۔ پس ان کی شاعرانہ حیثیت، خواہ کوئی بھی حیثیت کیوں نہ ہو، مسلّم ہو جاتی ہے۔ ان کے معاصرین میر غلام رسول نازکی، طالب کشمیری یا تنہ زدر کاشمیری کے مقابلے میں ان کی دنیا محدود سہی اور ان کی لے مدہم سہی، ان کے اشعار مقابلتاً دل میں اترنے کی زیادہ صلاحیت رکھتے ہیں۔ مثلاً ؎

اگر آج وہ نہ آئے تو کل آئیں گے ضرور
دیتے فریب دل کو یہ ہم عمر بھر رہے

ہم بن کے تماشا تو گئے اس کی گلی میں
وہ بہر تماشا بھی لب بام نہ آیا

دلبری کر کے جانستانی کی شکریہ تجھ پہ مہربانی کی

اتنا تو اس کا حال پریشان نہ تھا کبھی
سُنبل نے سن نہ لی ہو زلف دوتا کی بات

ستارو، رات بیتی جا رہی ہے
وہ میرا مست خواب آئے نہ آئے

خواب میں تم آؤ گے لیکن چشم عاشق رہین خواب نہیں

وہ سچ مچ بھی سامنے آئیں ہم سمجھتے ہیں خواب دیکھا ہے

رسا جاودانی داخلی شاعر ہیں۔ وہ دیگر معاصرین، خواہ وہ ریاست میں ہوں یا بیرون ریاست، کی مانند مروجہ رجحانات مثلاً وطنیت، قومیت یا فطرت نگاری پر طبع آزمائی نہیں کرتے۔ وہ شاعری کو علمیت کے مترادف نہیں گردانتے، بلکہ اسے اپنے داخلی وجود کی بار آفرینی کے مماثل قرار دیتے ہیں۔ انہوں نے گرد و پیش کے فطرت کے خوب صورت مناظر سے متاثر ہو کر بعض نظمیں ضرور لکھی ہیں۔ ان میں "ساون"، "برف باری" اور "خزاں" قابل ذکر ہیں۔ ان میں انہوں نے سادہ انداز میں دلکش

پیکر ابھارے ہیں شلاً ؎

تسکین دل نے پائی — ساون کی رُت ہے آئی
کیا رنگ ہیں گلوں کے — نغمے ہیں بلبلوں کے

تسری کی کُو
حق سترہ
ہے تُو ہی تُو

ہر سو ہے خوشنوائی — ساون کی رُت ہے آئی

(ساون)

تاہم یہ واقعہ ہے کہ رسا کی طبیعت کے جوہر غزل کی داخلی صنف ہی میں کھلتے ہیں۔ رسا جاودانی انسانی اقدار کے پرستار ہیں۔ وہ نیکی، سادگی، خلوص اور محبت کو عزیز رکھتے ہیں اور جہاں وہ انسان میں ریاکاری، جھوٹ، فریب شر اور بے یقینی دیکھتے ہیں، وہ اسے بے نقاب کرتے ہیں ؎

بے یقینی ہے سستیٔ ایماں — ضعف اوہام کا سہارا ہے

ہائے انساں کے کام ایسے ہیں — آدمیت ہی جن سے شرمائے

مہمل ہے اس زمانے میں صدق و صفا کی بات
البتہ سمجھی جاتی ہے مکر و ریا کی بات

رسا جاودانی کے کئی اشعار میں داخلی کیفیات کی جلوہ گری ملتی ہے لیکن بہت سے ایسے اشعار بھی ہیں جن میں محض خیالات نظم کئے گئے ہیں. ظاہر ہے ایسے اشعار ان کی ذہنی تگ و تاز کے باوجود شعری آب و رنگ سے عاری ہیں. وہ دراصل شعر کے اس نقطۂ نظر کے حامی ہیں. جس کی رُو سے شعر معنی و مطلب کی ادائیگی کا ذریعہ ہے. خود کہتے ہیں ؎

ایسے شعروں سے ہے گریز ہمیں
جن میں فقدان ہو معانی کا

رسا جاودانی کی شاعری کی ایک خوبی یہ ہے کہ وہ کم سے کم الفاظ سے ایک تخیلی صورت حال کو خلق کرتے ہیں. یہ کمال شاعری ہے اور میر اور غالب جیسے قد آور شعراء کا طرۂ امتیاز ہے۔ رسا جاودانی کے بعض اشعار اس خوبی سے متصف ہیں. ایسے اشعار میں کفایت لفظی سے "سادہ و پرکار" تصویر ابھرتی ہے. مثلاً ؎

کسی کا نام کیوں ہو جائے بدنام
چلو ہم کو قضا نے مار ڈالا

زلف و عارض کے سب کرشمے ہیں　　ورنہ یہ شام کیا سحر کیا ہے

دامن بچا کے ہم سے وہ سیدھے نکل گئے
ہم ان کو دیکھتے ہی سر رہگذر رہے

رسا جاودانی کا اسلوب شعر سادگی، اختصار اور روانی سے عبارت ہے۔ اللہ رکھا ساغر نے "لالۂ صحرا" کے مقدمے میں لکھا ہے:

"سادگی، بے لوثی اور گداز، یہی رسا کی شاعری ہے۔ دُور از فہم استعارے شوکت اور استاد کاری، رسا کو ان چیزوں سے نفرت ہے"۔

تیرے عارض کے اوصاف کھلنے لگے
پتی پتی گلوں کی زباں ہو گئی

وہ کون سا ستم ہے جو توڑا نہ دوست نے
ہم سے سلوک کیا نہ ہوا، پھر بھی ہم جئے

میر غلام رسول نازکی

میر غلام رسول نازکی بدھوار ۴، ربیع الاول ۱۳۲۹ھ کو تولد ہوئے۔ ان کے والد بزرگوار میر غلام مصطفٰی نازکی ۱۳۳۰ھ میں سرینگر سے ہجرت کرکے بانڈی پور گئے اور وہاں تادر کے گاؤں میں مقیم ہوئے۔ میر غلام رسول نازکی کا بچپن اور جوانی کا زمانہ اسی گاؤں میں گذرا۔ چونکہ ان کے والد ماجد عربی اور فارسی کے جید عالم تھے اس لیے نازکی صاحب کو علمی ماحول میسر آیا۔

انہوں نے باپ سے فارسی اور عربی کی ابتدائی تعلیم گھر ہی میں حاصل کی — بعد میں ان کو لوور مڈل سکول (بانڈی پور) میں داخل کیا گیا — انہوں نے چھٹی جماعت کا امتحان پاس کیا۔ تعلیم کو جاری رکھنے کیلیے انہوں نے سوپور کا رُخ کیا لیکن وہاں رہائش کا کوئی معقول انتظام نہ ہونے کی وجہ سے وہ سرینگر چلے گئے اور کادی کدل سرینگر میں اپنے خاندان کے لوگوں کے ساتھ رہنے لگے — میں انہوں نے اسلامیہ ہائر سکول سرینگر سے مڈل کا

111

امتحان اور پنجاب یونیورسٹی سے منشی کا امتحان پاس کیا۔ چونکہ گھر میں آمدن کا کوئی ذریعہ نہ تھا۔ اسی لیے سرینگر میں حصول تعلیم کے دوران اور بعد میں ان کو کئی کام کرنا پڑے۔ آخر میں ان کو بانڈی پور سے چالیس میل دور وڈی پور سند وارہ میں آٹھ روپے ماہوار پر عربی فارسی کی مدرسی ملی اور مالی مشکلات پر کسی حد تک قابو پانے میں کامیاب ہوئے۔

۱۹۲۱ء میں انہوں نے منشی عالم اور ۱۹۲۲ء میں میٹرک کے امتحانات پاس کئے اور ان کی تنخواہ ۱۵ بیس روپے ماہوار ہو گئی۔ ۱۹۲۵ء میں انہوں نے منشی فاضل اور ۱۹۲۷ء میں ادیب فاضل کے امتحانات پاس کئے۔ ادیب فاضل میں پنجاب بھر میں ان کا دوسرا درجہ تھا۔ ۱۹۲۹ء میں انہوں نے ایف اے کا امتحان پاس کیا۔ لیکن محکمہ تعلیم میں ان کی کوئی قدر افزائی نہ ہوئی۔ لکھتے ہیں:

"اس سے مجھ میں شکست خوردگی کے آثار ظاہر ہوئے اور میں نے مزید امتحانات پاس کرنا بے کار سمجھا۔ ۱۹۳۹ء سے ۱۹۴۳ء تک کا زمانہ اسی پریشان حالی میں گذرا"۔

۱۹۴۳ء ہی میں مشہور ماہر تعلیم خواجہ غلام السیدین ناظم تعلیمات نے ان کو لٹریری اسسٹنٹ بنا کر اپنے ساتھ رکھ لیا اور ۲۰-۱-۳۵ کے گریڈ سے نکال کر ۴۰-۲-۶۰ کے گریڈ میں ترقی دی۔ اس کے بعد ان کو ٹیچرس ٹریننگ سکول میں استاد زبان بنا کر تبدیل کیا گیا۔ پھر کچھ عرصہ تک اسسٹنٹ ڈسٹرکٹ انسپکٹر آف سکولز رہے۔ ۱۹۴۷ء تک یہی سلسلہ رہا۔ ۱۹۴۸ء میں ان کا تبادلہ ریڈیو

تہ جموں میں کیا گیا۔ ۱۹۵۰ء میں ان کا تبادلہ ریڈیو کشمیر سرینگر میں ہوا جہاں سے وہ ملازمت سے سبکدوش ہو کر وظیفہ یاب ہوئے۔

نازکی صاحب کی طبیعت بچپن ہی سے شعر و ادب کی طرف مائل تھی۔ گھر کا ماحول علمی و ادبی تھا۔ والد صاحب عربی و فارسی کے عالم ہونے کے ساتھ ساتھ پرلے درجے کے سخن شناس تھے نظامی کا خمسہ پڑھاتے ہوئے انہوں نے نازکی صاحب کو ادب کی نزاکتوں اور نفاستوں سے روشناس کرایا۔ بعد میں اردو شعر و ادب کی طرف پورے ذوق و شوق سے متوجہ ہونے میں محمد حسین آزاد کی "آب حیات" نے جادو کا کام کیا۔ لکھتے ہیں:

> "میں نے اسے پڑھا، اور آج تک مجھے یاد ہے کہ میں اسے پڑھ کر دیوانہ سا ہو گیا۔ بیسیوں مرتبہ اس کتاب کو پڑھا۔ اس سے پہلے میں فارسی شعر و ادب کا دلدادہ تھا اور اردو کی چاشنی سے واقف نہ تھا۔ "آب حیات" پڑھ چکنے کے بعد میں نے اپنی رائے بدل دی اور اردو کا عاشق ہوا۔"

اس کے بعد اردو شاعری اور خاص کر کلاسیکی شاعری سے ان کا دل لگاؤ قائم ہوا۔ انہوں نے ابتدا میں اساتذہ قدیم کی پیروی میں غزلیں لکھیں۔ لیکن ساتھ ساتھ وہ جدید شاعری کا مطالعہ بھی کرتے رہے۔ اس مطالعے کے زیر اثر انہوں نے قدیم رنگ کی غزلیں بعد میں ضائع کیں۔

مشق سخن کے ساتھ ساتھ وہ شاعری کا برابر مطالعہ کرتے رہے اور خاص کر بدلتے رجحانات پر ان کی نظر رہی۔ ایک جگہ لکھتے ہیں :-

"اردو کے رجحانات بدلتے گئے اور بعد میں مسلسل مطالعہ کے
ذریعے اس کے بدلتے ہوئے رجحانات سے متاثر ہوتا گیا اور میرے
کلام میں اسی طرح تبدیلیاں آتی گئیں"۔

وہ اس زمانے کے مشہور اور معیاری ادبی جرائد مثلاً ادبی دنیا، ہمایوں اور ساقی کا برابر مطالعہ کرتے رہے اور ان رسائل میں ان کی منظومات چھپتی رہیں۔ ان کی ایک نظم "ایک اندھی لڑکی کی دعا" رسالہ کلیم جو جوش ملیح آبادی کی ادارت میں نکلتا تھا، میں شائع ہوئی یہ نظم بہت مقبول ہوئی۔ اس میں ایک اندھی لڑکی کے معصوم جذبات کی مؤثر ترجمانی کی گئی ہے۔ یہ نظم لاہور کے کئی پرچوں میں نقل کی گئی اور نازکی صاحب ریاست کے باہر ہندوستان کے ادبی حلقوں میں متعارف ہوئے۔

نازکی صاحب کی شاعری میں ان کی زندگی کے واردات و مشاہدات کی جلوہ گری ملتی ہے وہ تخیل آرائی، خیال طرازی یا لسانی تزئین کاری سے کوئی علاقہ نہیں رکھتے۔ اردو کے اکثر و بیشتر شعراء اسی کے شکار رہے ہیں۔ نازکی صاحب کی شخصیت میں جذبات کی کارفرمائی ہے مگر جذبات کا وفور نہیں۔ وہ عقلی قوتوں سے کام لے کر اپنے جذبات کو قابو میں رکھتے ہیں۔ اس سے ان کی شاعری جذباتیت سے آلودہ نہیں ہوتی ہے۔ وہ زندگی کے نشیب و

فراز سے گذرتے ہوئے مختلف حقائق سے متصادم ہوکر اپنے داخلی ردِ عمل کو لفظوں کا جامہ پہناتے ہیں۔ اس طرح سے ان کی شاعری زندگی کے دکھ درد کا احساس پیدا کرتی ہے۔

نازکی صاحب کی نجی زندگی جدو جہد کی ایک طویل اور کرب انگیز داستان ہے۔ وہ اپنے عہد اور ماحول کی سختیاں برداشت کرتے رہے اور اپنی شخصیت کو منتشر ہونے سے محفوظ رکھنے کیلئے شعر گوئی میں منہمک رہے چنانچہ ان کے یہاں غم روزگار، عشق، حُسن، درد، تزکیۂ نفس، درد و حسرت، بے ثباتیٔ دُنیا، حلول اجل، استغنا اور عدیم الفرصتی کے مضامین لفظ و پیکر میں مجسم ہوئے ہیں۔

ان سارے خیالات و تصورات میں ان کے یہاں احساس غم سب سے زیادہ نمایاں ہے ابتدائی دور کی شاعری میں اس کا خاصا حاوی اثر نظر آتا ہے۔ غ، م، طاؤس کا خیال ہے کہ شروع سے آخر تک ان کے یہاں غم کا عنصر موجود ہے۔ لکھتے ہیں:-

> "شروع سے آخر تک آپ کے کلام کا تجزیہ کیا جائے تو ظاہر ہوگا کہ آپ کی شاعری ایک دُکھی دل کی پکار ہے، ایک غم انگیز پکار۔ آپ کے یہاں غم زندگی کی حقیقت اہم ترین سے عبارت ہے"۔

چند اشعار یہ ہیں:-

محبت زندگی اور زندگی غم ہوتی جاتی ہے
خوشی تحلیل ہوکر غم میں مدغم ہوتی جاتی ہے

آگ کی حدت، خلش کانٹے کی، پارے کی تڑپ
یہ مرکب جب ہوا پہلو نشین دل ہو گیا!

دل عموماً اداس رہتا ہے
وقفِ حرماں و یاس رہتا ہے
چھوڑ جاتے ہیں ساتھ سب ساتھی
اک غم ہے جو پاس رہتا ہے

نازکی صاحب کے یہاں دو نمایاں شعری رجحانات ملتے ہیں۔ (۱) فطرت نگاری (۲) خیالی دُنیا بسانے کی آرزو۔ چونکہ نازکی صاحب کشمیر کی حسین و جمیل وادیوں میں سانس لیتے ہیں۔ اس لیے کشمیر کے خوب صورت مناظر ان کی شخصیت کا حصہ بن چکے ہیں۔ انہیں محبوب میں بھی "کشمیر کی رعنائی" نظر آتی ہے۔ منظر نگاری کا رجحان انیسویں صدی میں حالی اور آزاد کے بعد کئی شعراء کے یہاں ملتا ہے۔ یہاں تک کہ چکبست، اقبال، سیماب اکبر آبادی، جوش ملیح آبادی اور حفیظ جالندھری کے یہاں بھی فطرت سے قلبی وابستگی کا احساس ہوتا ہے۔ اور انہوں نے فطرت کے حسین مظاہر کی فنکارانہ تصویر کشی کی ہے۔ نازکی صاحب نے اسی رجحان سے بھی اکتسابِ فیض کیا ہے۔ مثلاً :- چاند کی کرنوں سے دُنیا حسن کا گہوارہ ہے

پرتو مہتاب ہے یا نور کا فوارہ ہے

جلوہ گاہِ طور ہے پست و بلند کائنات
رات کا سنسان منظر ہے نظر آوارہ ہے

اک سہانی چاندنی رات اور مانسبل کی جھیل
حسن کی چپ چاپ دنیا، خلد کا عکس جمیل
دور تا حد نظر سرسوں کے کھیتوں کی قطار
آرزو کا سلسلہ لاانتہا، فرصت قلیل

فطرت نگاری کے جذبے کے زیر اثر ان کے یہاں کشمیر پرستی ملتی ہے۔ کہتے ہیں ؎

مرے کشمیر کی ہر شے حسیں ہے
یہاں کی ہر پہاڑی مہ جبیں ہے
فلک پر اس زمیں کی سرزمیں ہے
فلک خود ڈل کے اندر تہہ نشیں ہے

دوسرے ان کے یہاں تخیلات کی دنیا میں مراجعت کا رویہ ملتا ہے۔ یہ ایک رومانی رویہ ہے لیکن اس کا یہ مطلب نہیں کہ نازکی صاحب حقیقی دنیا سے سارے رشتوں کی تنسیخ کرتے ہیں۔ ایسی بات نہیں وہ حقیقت کے طمانچے سہتے ہیں۔ ان کا وجود مجروح ہوتا ہے ان کے خواب بکھر جاتے ہیں، وہ پیکر حسرت و یاس بن جاتے ہیں لیکن وہ اسی پر بس نہیں

کرتے بلکہ اپنی حقیقی پناہ گاہ یعنی تخیلات کی دنیا میں دم لیتے ہیں اور پھر حادثاتِ دنیا کا جایزہ لیتے ہیں ؎

جو میرے دل میں تلاطم ہے کہہ نہیں سکتا
حقیقتوں کے طماچے میں سہہ نہیں سکتا
تخیلات کی دنیا میں میری جنت ہے
میں واقعات کی دُنیا میں رہ نہیں سکتا

خیالِ یار میں قدرت ہے تخلیق دو عالم کی
اکیلا رہ کے لاکھوں خلوتیں آباد کرتا ہوں
بھلاتا ہوں مگر پھر خود فراموشی کے عالم میں
خُدا جانے میں کیوں اس بے وفا کو یاد کرتا ہوں

نازکی صاحب معاشرتی اور فکری دونوں سطحوں پر زندگی، مرگ، آرزو اور حسرت و غم کے مسائل پر غور و فکر کرتے ہیں۔ ان کے دل و دماغ میں متنوع خیالات گونجتے رہتے ہیں وہ ان ہی خیالات سے نبرد آزما رہتے ہیں اور ان کو چابک دستی، صفائی اور ہنرمندی سے نظم کرتے ہیں ؎

نہ قسمت میں حیاتِ جاوداں ہے   نہ اپنے بس میں مرگِ ناگہاں ہے

۱۱۸

مری مجبور دنیا پر مسلط　　　اندھیرا ہے، سیاہی ہے، دھواں ہے

نہ میری شمع بن کر جل سکو گے
نہ خواب آلودہ آنکھیں مل سکو گے
مری تاریک دنیا کے مسافر
اندھیرے میں کہاں تک چل سکو گے

میر غلام رسول نازکی، "اقبال" کے افکار و خیالات سے بھی متاثر ہیں۔ مثلاً ؎

کون کہتا ہے شب غم کی سحر ہونے لگی
امن و آسائش کی صورت جلوہ گر ہونے لگی
جب سے پھینکی فکر انساں نے ستاروں پر کمند
زندگی دشوار تھی　　دشوار تر ہونے لگی

ترا مقام مقام رضا سے آگے ہے
خودی نہ بیچ، طفیلی نہ بن، سوال نہ کر

کاش یہ نکتہ سمجھ جائیں جوانانِ عزیز　　جب نہیں عزت تو پھر بے جان ہے جانِ عزیز

نزکی صاحب کامزاج عاشقانہ ہے۔ ان کے جذبۂ عشق کی سطح بلند ہے۔ وہ حسن و عشق کے امتزاج سے ایک جمالیاتی فضا کی تخلیق کرتے ہیں۔ یہ فضا جذبات کی قوس قزح سے دلکش ہے ہے

مرے نغموں کی موسیقار تم ہو
مرا دیپک، مرا ملہار تم ہو
میں فواروں میں کرلوں گا چراغاں
کہ میری شام شالا مار تم ہو

خواب تھا یا طلسم کا عالم
تیرے آنے سے تیرے جانے تک

ساقی کی مست آنکھیں خم خانہ زندگی کا
چشم سیہ کی گردش پیمانہ زندگی کا

مچل نہ جائے کہیں یہ دل فراق پسند
خدا کے واسطے آرائش جمال نہ کر

دُنیائے محبت کی ہر چیز نرالی ہے
خاموش اشاروں پر بُنیادِ تکلم ہے

اس دہکتے عذار پر آنسو
شفقِ شام میں ستارا ہے

نازکی صاحب نے غزلیں بھی لکھی ہیں اور قطعات بھی، اور گاہے گاہے نظمیں بھی لکھتے ہیں ان کے الفاظ کلاسیکی اور روایتی ہیں لیکن کبھی کبھی ضرورتاً وہ روزمرہ زندگی کے الفاظ کو بھی بڑی مہارت سے برتتے ہیں۔ زبان پر انہیں قدرت کاملہ حاصل ہے۔ یہی وجہ ہے کہ ان کے یہاں روانی، بے تکلفی اور شگفتگی ملتی ہے۔ وہ الفاظ کا کفایت اور نفاست سے استعمال کرتے ہیں اور گاہے گاہے تشبیہ و استعارہ سے کلام کی فضا کو رنگین بناتے ہیں۔ قطعہ نگاری میں ان کو ید طولیٰ حاصل ہے۔ اسی صنف میں وہ علامہ اقبالؔ سے بے حد متاثر ہیں۔ بعد میں انہوں نے اختر انصاری اور احمد ندیم قاسمی سے بھی اکتساب فیض کیا۔ انہوں نے اپنے قطعات میں خیالات و تجربات کی ایک فکر انگیز دُنیا بسائی ہے۔ ان کے قطعات ان کے شعورِ عصر کے غماز ہیں۔ ان میں جذبات کا ارتعاش بھی ہے مشاہدے کی رنگینی بھی، اور فکر کی گہرائی بھی۔

نازکی صاحب کی غزلوں میں زبان و بیان کا رچاؤ، فکر و خیال کی بلندی اور عصری

حالات کی آگہی کے پرتو ملتے ہیں۔ ان کا مجموعہ کلام "دیدۂ تر" ۱۹۴۹ء میں شایع ہو چکا ہے۔ وہ برابر فکر سخن کرتے رہے ہیں اور ان کا تخلیقی ذہن نئے برگ و بار سے آراستہ ہے۔

یہ نہ سمجھو کہ بات ختم ہوئی
باتوں باتوں میں رات ختم ہوئی

روز و شب کا طلسم ٹوٹ گیا
یورشِ حادثات ختم ہوئی

محبت میں ایسے کبھی لمحات آئے
نہ میں نے صدا دی، نہ تم نے پکارا

یہ مایوسیاں ہیں کہ مجبوریاں ہیں
نہ جینے کی خواہش، نہ مرنا گوارا

شہ زور کشمیری

شہ زور کشمیری ۲۷ فروری ۱۹۱۵ء کو چوٹہ بازار، کنہ کدل سرینگر میں پیدا ہوئے۔ والد کا نام خواجہ غلام محمد تھا۔ والد نے اپنے بیٹے کا نام غلام قادر رکھا۔ بعد میں انہوں نے شاعری کے آغاز کے ساتھ اپنے لیے شہ زور تخلص اختیار کیا۔ ایک مقطع میں اپنے نام پر یوں خیال آرائی کی ہے ؎

یہ نام اور بتول کے کرم پہ تیری نظر
غلام قادر شہ زور واہ کیا کہنا

شہ زور کا تعلق ایک متمول گھرانے سے ہے۔ ابتدائی تعلیم کے بعد ان کو مشن ہائی سکول میں داخل کیا گیا۔ ۱۹۳۶ء میں انہوں نے بی۔ اے کی ڈگری حاصل کی۔ اس زمانے میں مسلمان نوجوانوں میں بی۔ اے پاس کرنا بڑی امتیاز کی بات تھی۔ شہ زور کو ابتدائی عمر سے ہی شعر و نغمہ

یں دلچسپی تھی۔ چنانچہ انہوں نے بہت ہی کم عمر میں شعر گوئی کا آغاز کیا۔ ان کے والد شعر شناس تھے اور شہ زور کی شاعرانہ دلچسپیوں سے واقف تھے وہ انہیں "شعر پرورده" کہہ کر پکارتے تھے ان کے بچپن کا ایک واقعہ شعر و موسیقی سے ان کی طبعی رغبت کو ظاہر کرتا ہے۔ پانچ سال کی عمر میں وہ شدید بیمار ہوئے۔ خوب علاج معالجہ کیا گیا لیکن ان کی حالت خراب ہوتی گئی۔ اتنے میں دروازے پر ایک نیم برہنہ فقیر آیا اور گانے لگا۔ گھر والوں نے بیمار کی تشویشناک حالت کے پیش نظر اسے گانے سے منع کیا لیکن وہ نہ مانا اور گاتا رہا۔ چند سکنڈ کے بعد ہی بچے نے آنکھیں کھولیں اور پانی پیا۔ اور فوراً رو بہ صحت ہو گیا۔ بعد میں بھی شہ زور کو موسیقیت سے لگاؤ رہا۔

طالب علمی کے زمانے سے ہی انہوں نے شعر گوئی کی ابتدا کی۔ دسویں جماعت میں مشن ہائی سکول کے ہیڈ ماسٹر نے ان کی ایک غزل سنی۔ وہ بہت خوش ہوئے۔ کالج میں حصول تعلیم کے دوران میں ان کا کلام کالج میگزین "پرتاب" میں چھپتا رہا۔ ۱۹۳۶ء میں مولانا محمد سعید مسعودی نے ان کی ایک غزل سنی وہ بے حد متاثر ہوئے اور کہنے لگے "سیماب کی شاگردی کا شرف حاصل کر دگے ؟" مولانا کے مشورے کا ان کے دل میں جو ردعمل ہوا، اسے بیان کرتے ہوئے لکھتے ہیں:

"یہ ایک حکم تھا جس کی تعمیل میں نے فوراً کی اور حضرت سیماب کے دست مبارک کی اصلاح شدہ غزل دیکھی تو میرے تن بدن میں ایک بجلی کی لہر دوڑ گئی اور یک بیک کسی نامعلوم طریقہ سے میری وہ نامعلوم کمی پوری

۱۲۴

ہو گئی جسے میں مدت سے محسوس کر رہا تھا"

بی۔ اے کے درجے میں ایک پروفیسر نے ان کا جواب مضمون پڑھ کر کہا: "اس مضمون کا ڈرامائیک انداز ہے حصول تعلیم کے بعد تم ڈرامہ نویسی اختیار کرنا"۔ چنانچہ بی۔ اے کرنے کے بعد انہوں نے کئی ڈرامے لکھے۔ مثلاً تقدیر و تدبیر، پاکدامن، پریم مکتی، بی۔ اے پاس لاش، ان میں بعض ڈرامے شائع ہو چکے ہیں۔ لیکن بعد میں انہوں نے ڈرامہ نویسی چھوڑ کر فن شعر گوئی پر ساری توجہ مرکوز کی۔ ان کی ادبی زندگی کا آغاز صحیح معنوں میں سنہ ۱۹۲۶-۲۷ء سے ہوا۔ ۱۹۳۸ء میں علامہ سیماب اکبر آبادی نے ان کو فارغ الاصلاح قرار دیا۔ سیماب سے فیض یابی کا ذکر انہوں نے کئی اشعار میں کیا ہے۔ مثلاً

یہ اے شہ زور ہے سیماب کے فیضان کا صدقہ
ملا الہام میں حصہ مرے قلب غزلخواں کو

میں ہوں زلال نوش فکر ذلہ ربائے وارثی
جس نے پلا دیا مجھے بحر سخن نکھار کے

سنہ ۱۹۲۶ء سے قبل بھی شہ زور کی منظومات مقامی اخباروں میں اور رسالوں میں چھپتی تھیں لیکن اس کے بعد ان کی تخلیقات ملک کے مقتدر ادبی رسائل مثلاً آجکل، ہندوستانی ادب، عالمگیر، نیرنگ خیال، ایشیا اور سلطان وغیرہ میں باقاعدگی سے چھپتی رہیں۔ سب سے

پہلی نظم "ظلم کے آنسو" شاعر میں چھپی۔ اس سے پہلے ایک غزل چھپی تھی جس کا مطلع یہ ہے ؎

ازل سے ڈھونڈتا ہوں اس نگاہِ نشترِ جاں کو
کبھی جس نے سکھایا تھا تڑپنا قلبِ انساں کو

نشتر وسیع المطالعہ ہیں۔ فارسی کے علاوہ عربی اور ہندی میں بھی دستگاہ حاصل ہے اردو زبان سے ان کو والہانہ لگاؤ ہے۔ شعر گوئی کے ابتدائی دور میں کشمیری میں بھی طبع آزمائی کی ہے لیکن بعد میں اردو ہی کو وسیلۂ اظہار بنایا۔ نشتر حد درجہ خلوت پسند ہیں۔ ادبی انجمنوں سے ہمیشہ دُور دُور رہتے ہیں۔ کچھ عرصہ تک محمود ہاشمی کے اصرار پر انجمن ترقی اردو کی نشستوں میں شرکت کرتے رہے۔ ۱۹۵۲ء میں انہوں نے حامدی کاشمیری اور نشتر کاشمیری سے مل کر سری نگر میں انجمن سیمابیہ کی بنیاد ڈالی جو کچھ دیر تک ادبی محفلوں کا انعقاد کرتی رہی۔ نشتر بالکل سیدھی سادی اور الگ تھلگ زندگی گذارتے ہیں، نماز و روزہ کے پابند ہیں، مذہبی خیالات ان کی گھٹی میں پڑے ہیں۔ انہوں نے قبل از وقت ملازمت سے سبکدوشی حاصل کی ہے۔

نشتر کشمیری بلاشبہ ایک بالغ نظر، قادر الکلام اور کہنہ مشق شاعر ہیں۔ ان کی شہرت وادی کی حدود سے نکل کر ملک کے ادبی حلقوں میں پھیل چکی ہے۔ نشتر نے جس زمانے میں شاعری شروع کی وہ ملک کی تاریخ کا ایک ہنگامہ پرور اور بحرانی دور تھا۔ سیاسی بے چینی اور انتشار عروج پر تھا۔ آزادی کا جذبہ دلوں میں شعلہ زن تھا۔ طبقاتی کشمکش نقطۂ آخر کو چھو رہی تھی۔ ۱۹۳۵ء میں انجمن ترقی پسند مصنفین کا قیام عمل میں آچکا تھا۔ ادب میں

مقصدیت اور خارجیت کو اہمیت مل رہی تھی۔ اسی دور میں اقبالؔ ایک بلند قامت شخصیت کے طور پر سامنے آ چکے تھے۔ بشؔر زور کاشمیری اس زمانے میں سری نگر میں رہ کر نام و نمود سے بے نیاز، کسی ازم سے وابستہ ہوئے بغیر، زندگی کی ہنگامہ سامانیوں میں شریک رہے۔ ریاست میں بھی ۱۹۳۲ء سے لوگ خوابِ غفلت سے جاگ رہے تھے اور جاگیردارانہ نظام کے خلاف غم و غصے کا اظہار کر رہے تھے۔ سیاسی اور سماجی بے چینی بڑھ رہی تھی۔ بشؔر زور ریاست میں صدیوں کی غلامی، افلاس اور پس ماندگی کا شعور رکھتے ہیں۔ چنانچہ ان کی کئی نظموں میں سماجی شعور کی گہرائی کا احساس ہوتا ہے۔ انہیں احساس ہے کہ جابر اور استحصالی قوتیں معصوم انسانوں کا خون چوس رہی ہیں۔ انہوں نے اقبالؔ، جوشؔ اور سیمابؔ کے انداز میں کئی انقلابی نظمیں لکھی ہیں۔ ان میں "عزم و عمل" خاص طور پر قابلِ ذکر ہے۔ اس میں انقلاب کا ایک متفکرانہ تصور ملتا ہے۔ یہ جوشؔ کی انقلابی گرج سے دور رہے۔ اس میں ان کے خلوص کی حرارت ملتی ہے۔ "جاگ" بھی ان کی دلچسپ انقلابی نظم ہے۔ غزل کے ایک شعر میں لکھتے ہیں ؎

اٹھا دے آستانِ ناز کو اے طالبِ جلوہ
یہ تیرے سجدہ ہائے شوق ندرِ سنگِ در کب تک

"بادہ و ساغر" کے پردے میں اس شعر میں انقلابی جذبے کا مؤثر اور فن کارانہ اظہار قابلِ داد ہے۔ بشؔر زور اپنے عہد میں وطنیت کے رجحان کی ترجمانی کرتے رہے۔ "اے ہندوستان!"

میں ملک کے شاندار ماضی سے نقاب الٹ دی ہے اور اس کی ثقافتی اور ادبی قدروں کو بیان کیا ہے۔ لیکن موجودہ دور میں لوگوں کی غلامانہ ذہنیت کے بارے میں اپنی تلملاہٹ کا اظہار بھی کیا ہے۔

حصول آزادی کے بعد ملک کے شعراء نے آزادی کے بارے میں جس فریب شکستگی کا اظہار کیا ہے شہ زور بھی اس میں شریک رہے۔ انہیں محسوس ہوا کہ جو خواب دیکھے گئے تھے ان کی شکست ہو گئی ہے۔ اس کے نتیجے میں ان کی شاعری میں تکدر اور مایوسی اور دل گرفتگی کی کیفیت پیدا ہو گئی ہے۔ "اعتراف" میں لکھتے ہیں۔

دل گرفتہ ہوں مری روح کو گھُن نہ کرد

آج ہر غنچہ کی آنکھوں سے چھلکتا ہے لہو اور ہر قلب گل تازہ نظر آتا ہے چاک
اب نہ اس میں ہے وہ نزہت نہ طراوت باقی اب تو اڑتی ہوئی آتی ہے نظر خاک ہی خاک

چنانچہ ان کی کئی نظموں میں مثلاً تاثیر، ساقی، انتخاب وغیرہ میں اسی نوعیت کی شکست خوردگی اور بے اطمینانی کا اظہار ملتا ہے۔

ابھی ظلمت اثر ہر خواب کی تعبیر ہے ساقی
پلا وہ جام جس میں چاند کی تنویر ہے ساقی
جبینِ گل پہ اک الجھی ہوئی تحریر ہے ساقی
بڑے پیچاک میں گلزار کی تصویر ہے ساقی

بہاریں دامن گلچیں میں اپنا منہ چھپاتی ہیں
خزاں کے ہاتھ کا سایہ گلستاں گیر ہے ساقی

وہ محبوب کے التفات کے باوجود محسوس کرتے ہیں کہ ہر طرف غمخانے ہیں اور ایک شمع سے انکی تاریکی دور نہیں ہو سکتی ؂

اس تبسم کا شکریہ اے دوست　　شمع اک اور سو ہیں غمخانے

تقسیم وطن سے قبل اردو شاعری میں رومانی رجحان بہت نمایاں رہا۔ ایک رومانی فن کار زندگی کی سنگین حقیقتوں سے مراجعت کرکے خوابوں کی دنیا آباد کرتا ہے اور اپنے جمالیاتی شعور کی تشفی کرتا ہے۔ یہ زندگی اور کائنات کو تخیلی زاویہ نظر سے دیکھنے کا رویہ ہے اور شاعری میں ٹیگور کے نغموں، اختر شیرانی کی نادیدہ بستیوں کی تلاش، اقبال کی قوتِ حیات جوش کی فطرت نگاری اور فیض کی خواب آفرینی رومانی مزاج کا پتہ دیتی ہے۔ پہلی جنگِ عظیم کے بعد رومانی رجحان خاصی تقویت حاصل کرتا گیا۔ بشیر زور کے یہاں بھی رومانی اثرات کی نشاندہی کی جا سکتی ہے۔ وہ چشم وا سے خارجی حقائق کا مشاہدہ کرتے ہیں اور مایوسی اور محرومی کے شکار ہو جاتے ہیں۔ لیکن ان کے یہاں فطرت پرستی، جمالیاتی رنگارنگی، جذبۂ آزادی جلال و جمال کا امتزاج، تلاشِ حسن وغیرہ انہیں رومانیت ہی کے دائرے میں لے آتا ہے ؂

المدد اے تصورِ جاناں
تا بہ حدِ نظر ہیں ویرانے

عود کی خوشبو سے ہے ساری فضا مہکی ہوئی
انتشارِ کیف سے موجِ ہوا بہکی ہوئی
سرخ رنگوں سے ہے یوں خاکِ چمن دہکی ہوئی
ہو چمن میں جس طرح گل کی قبا مہکی ہوئی
رنگ و بو کا مجلہ نایاب زمانہ ہے تو یہ
نوعروسِ شام کا تصویر خانہ ہے تو یہ

(پری محل)

جانے کیوں مرے دل میں جھانکتی ہیں پھر تیری
مدتوں کی یادیں اور مدتوں کی تصویریں

نجم، رنگ، نزہت، نور، نکہت
مرکب اک جنوں سامانیوں کا
یہ تم ہو یا ہیولیٰ جلوہ گر ہے
مری تخئیل کی رعنائیوں کا

شہ زور نے اقبالؒ کا مطالعہ بصیرت اور انہماک سے کیا ہے۔ وہ اقبالؒ کے افکار اور لب و لہجے سے گہرے طور پر متاثر ہیں۔ کشمیر کے اس دور کے شعراء میں شہ زور کاشمیری

خاص طور سے اقبالؒ سے اکتساب فیض کرتے ہیں۔ چنانچہ جلال و جمال، قوتِ حیات اور جذبۂ حریت ان کے یہاں اقبالؒ کے کلام کے راستے ہی سے آیا ہے۔ سید سلیمان ندویؒ نے ان کے نام ایک خط میں لکھا ہے :

"آپ کے کلام میں اقبالؒ کی روح بولتی ہے اس لیے
آپ کو کشمیر کا اقبال کہا جا سکتا ہے"۔

"تردید" کا پہلا بند یہ ہے۔ اس نظم میں انسان کی عظمت کی مصوری کی گئی ہے ؎

ہے غلط اے دوست یہ تیرا خیال
میری فطرت میں ہو اور عجز و نیاز
ہے میری ہمت کے تابع شش جہات
مجھ سے قائم ہے نظام کائنات
میری خاطر مہر و مہ ہیں نور بیز
میرے قدموں میں ہے فطرت سجدہ ریز
کون ہے مجھ سے زیادہ سرفراز
میں کسی کے در پہ کیوں کرتا سوال

"فطرت اور مومن" میں اقبالؒ کے مرد مومن کے بارے میں خیالات کی گونج سنائی دیتی ہے ؎

ہے فطرت کی سی گہرائی نگاہِ مردِ مومن میں
ملی ہے اس کے دل کو فطرتاً تقدیرِ سیمابی

مذہب سے نہ فطرت ہی کے آئین سے پوچھ
یہ بات عبث تو نہ شیاطین سے پوچھ
بدامنیٔ دُنیا کا باعث اے دوست!
اپنے ہی خرد ساز قوانین سے پوچھ

شہ زور کو دیگر کشمیری شعراء کی طرح کشمیر جنت نشان کے خوب صورت مناظر سے گہرا جذباتی لگاؤ ہے۔ انہوں نے کشمیر کے برف پوش پہاڑوں، جوئباروں، فواروں، مرغزاروں اور جھیلوں کے حسن کو اپنے وجود کا حصہ بنالیا ہے اور اپنی نظموں میں آرٹسٹ کے موقلم سے فطرت کے مناظر کی مصوری کی ہے۔ چنانچہ منظر نگاری کے شاداب، دلکش اور طلسمی نمونے ان کی کئی نظموں مثلاً صبحِ شالیمار، نمائش گاہ، آزادی کی دستک، پری محل، امیرا کدل پل وغیرہ میں موجود ہیں۔

شہ زور ایک قادر الکلام شاعر ہیں۔ وہ غزل، نظم، قطعہ اور رباعی کی اصناف پر کامل قدرت رکھتے ہیں۔ نظم نگاری کو ان کی طبیعت سے خاص نسبت ہے۔ انہوں نے خوب صورت اور خیال افروز نظمیں لکھی ہیں۔ ان کی نظموں میں بالعموم حالات کی سنگینی کے

تحت انسان کے زوال اور پسپائی کی المیہ کیفیات ملتی ہیں بشر زور طبعاً انسانی اقدار کے امین ہیں لیکن اقدار کی بے حرمتی کے مناظر ان کو جھنجوڑ کر رکھتے ہیں۔ لیکن وہ پھر بھی نامساعد حالات سے مفاہمت کیلئے آمادہ نہیں ہوتے۔ وہ اپنی داخلی آویزشوں پر فن کارانہ شعور سے غالب آجاتے ہیں۔ وہ اردو زبان پر کامل عبور رکھتے ہیں اور زبان و بیان کی تراشیدگی میں مصروف ہو جاتے ہیں۔ ان کی نظموں میں تزئین کاری اور قماش بندی کا احساس ہوتا ہے۔ وہ بندوں کی ترتیب و تقسیم میں جدت کاری سے کام لیتے ہیں۔ وہ مرکزی خیال کو ارتقائی مدارج سے گذارتے ہیں یہاں تک کہ نقطۂ عروج پر نظم اختتام پذیر ہوتی ہے۔ یہ تعمیری حسن کاری ان کی اکثر نظموں مثلاً آئینہ، تاثیر، تردید، آزادی کی دستک، ظلم کے آنسو وغیرہ میں ملتی ہے۔

شہ زور اپنے مطالب کی ادائیگی کیلئے نئی تراکیب گڑھ لیتے ہیں۔ جامۂ زلیت، حجرہ نشین صبح، لغزش عصیاں، کار آذری، شعلۂ داغ جگر، میدِ رنگ و بو، تاب نظر، نوحۂ شبگیر وغیرہ میں وہ حکیمانہ انداز روا رکھتے ہیں اور ایک توانائی، وقار اور متانت کا احساس دلاتے ہیں لیکن جہاں جہاں خیالات کی سنجیدگی شعریت پر غالب آگئی ہے وہاں شعر تاثیر سے محروم ہو گیا ہے اور محض کلام منظوم بن کر رہ گیا ہے۔ بعض جگہوں پر فارسی تراکیب، اور ثقیل الفاظ کی گرانباری کا احساس بھی ہوتا ہے لیکن جہاں انہوں نے سادہ الفاظ میں احساس و فکر کو سمونے کی کوشش کی ہے وہاں ان کا کلام دل کو چھو تا ہے۔ غزل کے چند اشعار ۔

۱۳۳

میکدے پر سکوت طاری تھا
میں نے ٹکرا دیئے ہیں پیمانے

متاعِ زندگی کا شکریہ، واپس اسے لے لے
اٹھاؤں اس کرم کا بوجھ اپنی روح پر کب تک

تجھے تو حشر میں آخر نقاب الٹنا ہے
جو کام کرنا ہے اک دن وہ آج ہی کرتے

نگاہوں میں ہے انجامِ بہاراں
ہم آغازِ بہاراں کیا منائیں

نکل تو آتی ہے میری کشتی حدودِ طوفان سے بچ بچا کر
عجب نہیں ہے کنارِ ساحل اگر یہ ڈوبی ہوئی ملے گی

ایک قطعہ ملاحظہ ہو۔

میں اپنے نالۂ دل کا ہوں ممنوں　　کہ یہ بابِ اثر سے لوٹ آیا
نہ پوچھ اے دوست الفت کے تقاضے　　میں اکثر تیرے در سے لوٹ آیا

غ۔م۔ طاؤس

غ۔م۔طاؤس کا نام غلام محمد میر طاؤس ہے۔ طاؤس ۲۲ مئی ۱۹۱۹ء کو پانپور میں پیدا ہوئے۔ پانپور زعفران زاروں کیلئے مشہور ہے۔ لکھتے ہیں:

زعفراں زاروں میں میری پرورش ہوتی رہی
زردیٔ رُخ سے ہویدا ہے مرا جوشِ جنوں

طاؤس کے والد حاجی سیف اللہ میر کو شعر و ادب سے لگاؤ تھا۔ انہوں نے الف لیلہ کی ایک کہانی کو 'بدر الزماں' کے عنوان سے نظم کیا تھا۔ طاؤس کو گھر میں ہی شعری ماحول ملا۔ ان کا ذوق شعر پروان چڑھنے لگا اور تعلیم نے اس کو جلا بخشی۔ کالج کی ادبی و علمی فضا میں طاؤس نے شعر گوئی کی ابتدا کی۔ اپنے مجموعہ کلام "موج موج" کے دیباچے میں لکھتے ہیں:

"میں نے شعر گوئی کی ابتدا سری پرتاب کالج سرینگر ۱۹۳۶ء ۱۹۴۰ء میں طالب علمی کے دنوں میں کی تھی۔ ان دنوں پرتاب کالج میگزین کشمیر کا غالباً واحد ادبی میگزین تھا۔ اس کا اپنا ایک مقام اور معیار تھا۔ میری چیزیں سب سے پہلے اسی میگزین میں چھپنے لگی تھیں۔"

کالج میں تعلیم پانے کے بعد وہ علی گڑھ گئے اور وہاں سے اردو میں ایم۔ اے اور ایل ایل بی کی ڈگریاں لیں۔ کالج میں حصول تعلیم کے دوران وہ کالج میگزین کے ادارتی بورڈ سے بھی منسلک رہے۔ کالج ہی کے زمانے میں انہوں نے اپنے لئے طاؤس تخلص اختیار کیا۔ اپنے تخلص کے بارے میں وہ لکھتے ہیں:

"جن دنوں میں کالج میں پڑھتا تھا، بلبل (شیخ غلام علی بلبل) نام کا اس وقت ایک اعلیٰ پائے کا ادیب اور شاعر بھی اسی کالج میں زیر تعلیم تھا۔ بلبل مجھ سے دو سال آگے تھا... بلبل بانڈی پورہ کا رہنے والا تھا۔ اسی کے توسل سے میرا تعارف میر غلام رسول نازکی سے ہوا تھا... نازکی صاحب اسی عمر سے ہی شعر و سخن کے میدان میں ایک ممتاز مقام پر پہنچ چکے تھے... میں اور بلبل دونوں کبھی کبھی ان کی صحبت میں وقت گذار کر ان کے فنی مشوروں سے مستفید ہوتے تھے

اس سلسلے میں کسی کسی جگہ چھوٹی موٹی ادبی نشستیں بھی منعقد ہوتی تھیں جن میں ہمارے اور صاحبِ ذوق احباب بھی شامل ہوتے تھے۔ ایک دفعہ ایک ایسی ہی نشست میں نازکی صاحب نے غالباً میرے اور بلبل کے تعلق کو پیشِ نظر رکھ کر ہنسی مذاق میں علامہ اقبالؒ کا یہ شعر پڑھا ؎

گر بلبل و طاؤس کی تقلید سے توبہ
بلبل فقط آواز ہے طاؤس فقط رنگ

بس اس وقت سے طاؤس میرے نام کے ساتھ اس طرح چپک گیا کہ آج تک چپکا چلا آرہا ہے اور اب میرے نام کا ایک ضروری جز بن کر رہ گیا ہے''۔

چنانچہ طاؤس ان کا تخلص ہو گیا اور شیخ غلام علی کا تخلص بلبل قرار پایا علی گڑھ سے واپس لوٹنے پر طاؤس سرکاری ملازمت سے منسلک ہو گئے۔ پانچ سال تک نائب تحصیلدار رہے اور پھر تحصیلدار مقرر ہوئے، پھر اسسٹنٹ کمشنر بن گئے، اس کے بعد ڈپٹی کمشنر اور محکمہ خوراک کے ناظم بن گئے۔ ملازمت سے سبکدوش ہونے سے پہلے وہ محکمہ امور داخلہ کے سکریٹری رہے۔

طاؤس اہم سرکاری عہدوں پر فائز رہے۔ ظاہر ہے کہ انہیں تخلیقِ شعر کو وہ فرصت نہ ملی جو

اس کیلیے مزدوری ہے نتیجے میں وہ بھرپور انداز سے اور مسلسل طور پر شعر گوئی کی طرف متوجہ نہ رہے۔ وہ کبھی کبھی شعر کہتے رہے۔ ۱۹۸۰ء میں انہوں نے اپنا مختصر سا مجموعہ کلام "موج موج" شائع کیا ہے۔ طاؤس کو اس بات کا احساس ہے کہ ملازمت نے ان کے شعری رجحان کو نقصان پہنچایا۔ لکھتے ہیں :۔

> "میں ملازم تو ہو گیا مگر ملازمت کی مخصوص نوعیت کے باعث میری زندگی فرصتوں سے عاری اور یکسوئی سے بیگانہ ہوتی چلی گئی۔ اس صورتِ حال نے میرے فطری رجحان کو بالکل ہی کچل تو نہیں دیا مگر اسے بُری طرح مجروح کر کے چھوڑا۔"

تاہم انہوں نے جو کچھ لکھا ہے وہ ان کے شاعرانہ دل و دماغ کی توثیق کرتا ہے۔ اس کے علاوہ ان کے ذوق سلیم، زبان دانی، تعقلی انداز فکر، شائستگی، اور دل درد آشنا کا پتہ چلتا ہے۔ ان کے ابتدائی دور کے کلام کے مطالعہ سے ظاہر ہوتا ہے کہ وہ اردو کی کلاسیکی شاعری سے گہرے طور پر متاثر ہیں۔ ان کی لفظیات اور جذبات و احساسات روایتی انداز کے ہیں۔ انہوں نے وصل و فراق، غم و درد، ستم روزگار، بے ثباتی اور تقدیر پرستی کے تصورات کو مے پرستی، نگاہِ شوق، فصل گل، شمع محفل، حیاتِ جاودانی، مرگ ناگہاں، گدائے میکدہ، خون گشتہ ارماں، چشم گریاں، شام گریباں، خواب پریشان اور بخت واژگوں کے روایتی تراکیب میں سمونے کی کوشش کی ہے۔

لیکن ابتدائی دور کی غزلوں سے ان کی شاعرانہ فکر و نظر بھی آئینہ ہو جاتی ہے۔ ان غزلوں میں بعض اشعار ایسے بھی ہیں جو ان کے "سوزِ دروں" کا پتہ دیتے ہیں۔

چاندنی راتوں میں اکثر دل سے اٹھتا ہے دھواں
سیکھتا ہے شعلہ افشانی مرا سوزِ دروں

مثلاً ۔

بنا کر اشک ٹپکاتا ہوں ہر خون گشتہ ارماں کو
مبارک باد دیتا ہوں میں اپنی چشمِ گریاں کو

پھر بہار آئی دلوں میں ولولے پیدا ہوئے
دیکھیے کن کن تمناؤں کا ہو جاتا ہے خوں

بے دلی سے شام کو ہی سو گئے حرماں نصیب
انجمِ شب تاب کا یوں جگمگانا ہے فضول

طاؤس کے ابتدائی کلام سے ہی ان کا انفرادی طرزِ فکر بھی مترشح ہوتا ہے۔ وہ زندگی، معاشرت، عہد اور سیاست کے مسائل پر غور و فکر کرتے ہیں۔ عبدالقادر سروری نے درست لکھا ہے کہ "ان کی ابتدائی غزلوں میں بھی ان کے ذاتی تجربوں اور مشاہدوں کا پرتو ملتا ہے

مثلاً ؎

پرتو خورشید سے پُر نور عالم ہو تو ہو
میرے دل کی ظلمتوں میں ضو فشاں کوئی نہ ہو

رہا محروم بس میں تشنہ لب تیری عنایت سے
وگرنہ تیری محفل میں صلائے عام ہے ساقی

طاؤس نے بعد میں زیادہ تر نظمیں لکھی ہیں۔ انہوں نے زیادہ تر مختلف سماجی اور سیاسی حالات و واقعات کے بارے میں نظمیں لکھی ہیں۔ ان میں "کشمیر کی ایک شام" خوبصورت نظم ہے۔ اس میں کشمیر کے حسین و جمیل مناظر کی مصوری کی گئی ہے ؎

فلک کی یہ سرخی یہ اودی گھٹائیں
یہ خاموش پربت یہ ساکن ہوائیں
یہ فطرت کی محبوب و رنگیں ادائیں
کہ آدم کو جنت کی مستی بھلائیں
اگر دیکھنی ہوں تو کشمیر آئیں
سہانی ہے اس دیس کی شام رنگین

یہ نظم کشمیر کے حسن فطرت کے بارے میں لکھی گئی بیسیوں نظموں کی یاد دلاتی ہے جن

میں خود طاؤس کے کشمیری معاصرین کی نظمیں بھی شامل ہیں۔ تاہم قابل توجہ بات یہ ہے طاؤس نے کشمیر کی خوب صورتی کو اپنا مستقل موضوع قرار نہیں دیا ہے جس طرح شہ زور اور طالب کشمیری نے اس پر تواتر سے لکھا ہے۔ دوسری بات یہ ہے کہ وہ کشمیر پر قلم اٹھاتے ہوئے اس کی فطری خوب صورتی کی بجائے اس کے باشندوں کی مجبور و مقہور زندگی کی نقاب کشائی کرتے ہیں۔ اس ضمن میں "ایک پہلو یہ بھی کشمیر کی تصویر کا" جو حفیظ جالندھری کی کشمیر سے متعلق نظم کی توسیع ہے، میں کشمیر میں حق و باطل کی آویزش، لوگوں کی مجبوری و بدحالی، سیاست کی تبدیلی، طبقاتی تفاوت اور تلخی ایام کا ذکر کیا گیا ہے ؎

گر رہی ہیں آسماں سے بجلیوں پر بجلیاں
وادیٔ گلپوش سے اٹھتا ہے رہ رہ کے دھواں
دیکھتی ہے آنکھ لیکن کھل نہیں سکتی زباں
طائرِ بے پر گرفتار قفس در آشیاں
گھات میں صیاد، پہلو میں ہے کھٹکا تیر کا
ایک پہلو یہ بھی ہے کشمیر کی تصویر کا

طاؤس کا ذہن بیدار اور دل درد آشنا ہے۔ وہ زندگی اور موت کے مسایل پر بھی غور و فکر کرتے ہیں اور عصر حاضر میں تہذیبِ نو کے پیدا کردہ مسایل پر بھی سوچتے ہیں اور اپنے نتائجِ فکر کو مظاہرِ فطرت سے منسوب کرتے ہیں۔ مثلاً ؎

ہم یہاں اس خاکداں میں اس طرح آتے گئے
جیسے اک ننھا سا تارا ایک لمحے کیلیے
وسعتِ افلاک میں کھویا ہوا بھٹکا ہوا
بدلیوں کی اوٹ میں یا موت سے لڑتا ہوا

(رات کے سناٹے میں)

یہ اندھیری رات اور یہ موت کی خاموشیاں
ظلمتوں کی آڑ میں اشجار کی سرگوشیاں
ارضیوں کے دیس کی بے خواب آہوں کا دھواں
دُور آبادی میں تھرّاتے دلوں کی ہچکیاں

(ستاروں کا نغمۂ نیم شبی)

علامہ اقبالؒ کی شخصیت اور پیغام کا حاوی اثر طاؤس کے ذہن و فکر پر بھی ثبت ہے۔ چند اشعار ملاحظہ ہوں۔ ان میں اقبالؒ کے خیالات کا اثر و نفوذ ملتا ہے ؎

ترے آسمانوں کی ہو خیر یارب
کہ انساں نے تاروں پہ باندھے نشانے

سکھائیں گے شیروں کو روبہ مزاجی
توقع کسے تھی یہ اربابِ دیں سے

تنہا انصاری

تنہا انصاری کا پورا نام حسین علی انصاری ہے۔ وہ ۱۹۲۰ء میں بمقام دلنہ (بارہمولہ) پیدا ہوئے۔ والد کا نام حسن علی انصاری تھا۔ وہ ریاست کے ایک ہائی سکول میں معلم تھے، اور عربی، فارسی اور اردو کے جید عالم تھے۔ تنہا انصاری کے دادا یو۔ پی (بھارت) سے ہجرت کر کے کشمیر میں سکونت پذیر ہو گئے تھے۔ وہ اپنے وقت کے ملک التجار تھے اور بہت آسودہ حال تھے۔ وہ علم و فضل میں شہرت رکھتے تھے۔ تنہا انصاری کو علم و ادب کا ذوق ورثے میں ملا ہے۔ انہوں نے ابتدائی تعلیم دلنہ میں حاصل کی۔ اس زمانے میں انہیں گھر میں سخت مالی دشواریوں کا سامنا تھا۔ اس لئے انہیں مڈل پاس کرنے کے بعد ہی ملازم ہونا پڑا۔ وہ سرکاری سکول میں استاد مقرر ہوئے۔ انہوں نے دورانِ ملازمت پنجاب یونیورسٹی سے منشی فاضل اور ادیبِ فاضل کے امتحانات پاس کئے۔ بعد میں انہوں نے

بی۔اے اور بی۔ٹی کی ڈگریاں حاصل کیں۔ سرینگر میں تقریباً پانچ سال تک ٹریننگ سکول میں اردو زبان کی تعلیم دیتے رہے۔ یہاں سے وہ ناظم تعلیمات کے لٹریری اسسٹنٹ مقرر ہوئے اور خلیفہ عبدالحکیم کے ساتھ منسلک رہے۔ اس کے بعد مختلف مڈل سکولوں اور ہائی سکولوں کے ہیڈ ماسٹر کی حیثیت سے تعلیمی خدمات انجام دیتے رہے۔ وہ مڈل جماعتوں کیلئے اردو میں درسی کتابوں کے بورڈ کے کنوینر بھی رہے اور ٹیکسٹ بک ایڈوائزری بورڈ کے رکن بھی رہے ۱۹۶۰ء میں حکومت ہند نے انہیں اس سال کے بہترین استاد کی حیثیت سے ایوارڈ سے نوازا۔

تنہا انصاری ایک پیدائشی ادیب اور شاعر ہیں۔ انہوں نے اردو میں شاعری کی اور ریاست میں صف اول کے شعراء میں اپنی جگہ بنالی۔ بعد میں انہوں نے کشمیری زبان میں بھی شاعری کی۔ انہوں نے نثر نگاری میں بھی شہرت حاصل کی ہے۔ ان کے خطوط کا مجموعہ "خاطر احباب" ان کی رنگارنگ اور دلپذیر شخصیت اور اردو نثر پر ان کے غیر معمولی تصرف کی آئینہ دار ہے۔ تنہا کے نثری اسلوب میں جو روانی، برجستگی اور شگفتگی ہے وہ ان کو اعلیٰ پائے کا نثر نگار بناتی ہے انہوں نے تحقیقی، تنقیدی اور علمی مضامین بھی لکھے ہیں اور فرضی ناموں سے مقامی اخباروں میں ہلکے پھلکے اور فکاہیہ مضامین لکھتے رہے ہیں۔

تاہم شعر و شاعری ان کا خاص میدان ہے۔ شاعری میں انہوں نے شخصی ذوق اور ریاضت سے اتنی دستگاہ حاصل کی کہ ریاست کے سربرآوردہ شاعر قرار پائے۔ انہوں نے

شروع ہی سے اپنے ذوق لطیف کو رہنما بنایا اور کسی استاد کے سامنے زانوئے تلمذ تہ نہیں کیا۔ ان کا کلام غیر منقسم ہند میں ذیل کے اخبارات ورسایل میں شائع ہوتا رہا:

"سدا بہار" (لاہور) "صداقت" (راولپنڈی) "المجاہد" (پونچھ) "صادق" (پونچھ) "کہکشاں" (دہلی)۔ وہ سرینگر کے ذیل کے اخبارات میں بھی لکھتے رہے:

"ہمدرد"، "وتستا"، "خدمت"، "خالد" اور "ہمایوں"۔

تقسیم وطن کے بعد ان کا کلام "پیام مشرق" (دہلی) "ہمدوش" (دہلی) "تعمیر" (سرینگر)، "دلیش" (سرینگر)، "گل ریز" (سرینگر) اور "شیرازہ" (سرینگر) میں شائع ہوتا رہا۔ انہوں نے بعض درسی کتابیں مثلاً "تعلیم وزبان" اور "صحیح اردو بولیے" بھی شائع کی ہیں۔

تنہا انصاری کے ابتدائی دور کی شاعری میں روایتی ماحول ملتا ہے۔ وہ حسن وعشق کے کہنہ مضامین کو نظم کرتے ہیں۔ لیکن وقت کی رفتار کے ساتھ ساتھ ان کے شعری ذہن نے نہ صرف تبدیلیاں قبول کیں بلکہ وہ ارتقا کی منزلیں بھی طے کرتا گیا۔ وہ ملکی سطح پر نئے سماجی اور تہذیبی رویوں کا مطالعہ کرتے رہے۔ ترقی پسند تحریک نے رومانیت، داخلیت اور شخصی کوائف کی بجائے حقیقت، خارجیت اور اجتماعیت کو نمایاں اہمیت دی۔ نتیجے میں ایک نیا سماجی شعور پروان چڑھنے لگا۔ ریاست کے ادیب اور شاعر بھی نئے عصری تقاضوں سے روشناس ہونے لگے۔ پریم ناتھ پردیسی نے ترقی پسند تحریک سے متاثر ہوکر رومانی افسانہ نگاری ترک کی، اور گرد وپیش کے تلخ حقائق سے رشتہ قائم کیا۔ تنہا انصاری بھی زمانے

کی اس نئی کروٹ کا بھرپور علم رکھتے ہیں۔ ان کا مطالعہ وسیع ہے۔ انہوں نے اپنے شعری رویوں میں تبدیلی لائی۔ اس سے پہلے وہ رومانی اور عشقیہ احسا ت اور خیالات کو ایک عمومی انداز میں نظم کرتے تھے۔ ظاہر ہے یہ ان کا تقلیدی دور تھا لیکن اپنے تخلیقی دور میں قدم رکھ کر انہوں نے نہ صرف گرد و پیش کی دنیا کا چشم حقیقت بیں سے مشاہدہ کیا بلکہ اپنی ذات کے حوالے سے اپنے احساسات کو اجاگر کیا۔ چنانچہ ۱۹۳۹ء میں ان کی نظم "مری ناہید مجھ کو بھول جاؤ" ان کے ذہنی رویے کی تبدیلی کو ظاہر کرتی ہے۔ وہ فیض کی طرح محبت سے منہ موڑنا چاہتے ہیں اور اپنی محبوب سے اسے بھول جانے کی التجا کرتے ہیں ؎

خلش ہائے جوانی بھول جاؤ		محبت کی کہانی بھول جاؤ
تمہاری مہربانی بھول جاؤ		وہ رنگیں زندگانی بھول جاؤ

مری ناہید، مجھ کو بھول جاؤ

اس ضمن میں ان کی ایک اور مشہور نظم "کسی کی یاد" قابل مطالعہ ہے۔ لکھتے ہیں ؎

نہ ان جاں بخش ہونٹوں پر وہ لیلائے تبسم ہے
نہ میری زندگی کے ساز میں کوئی ترنم ہے
نہ وہ جذبات کی موجوں میں پہلا سا تلاطم ہے
شب دیجور، ساحل دور، احساس نظر گم ہے

ڈاکٹر رشید نازکی نے "تنہا انصاری ایک تعارف" میں لکھا ہے:۔

"وہ اپنی آرزوؤں کی رنگین بہاروں کو بڑی خوشی سے رخصت کرتا ہے۔ آرزوں کی رنگین بہاروں کو کھو کر ان کا غم نہ کرنا اس کی واقعات پسندی کی دلآویز داستان ہے۔"

اس کے بعد تنہا انصاری کی چشم نگراں خارجی حالات و واقعات کا برابر مشاہدہ کرتی رہی اور وہ اپنے تاثرات کو لفظی جامہ پہناتے رہے۔ انہوں نے دیکھا کہ حصولِ آزادی کے باوجود انصاف، آزادی، محبت اور سچائی کی قدریں پامال ہو رہی ہیں۔ وہ اسی مایوس کن صورتِ حال کا ایک بیدار مغز دانشور کی طرح تجزیہ کرتے رہے۔ اس میں شبہ نہیں کہ اپنے کئی معاصرین کے مقابلے میں ان کی عصری آگہی میں زیادہ گہرائی تھی۔ لکھتے ہیں:

نہ پوچھ ہم جیتے ہیں کیونکر تری رنگین دُنیا میں
سسکتی زندگی ہے اور زباں خاموش ہے ساقی
تھے وہ بھی دن کہ اپنے دل میں ہنگامے مچلتے تھے
ہوئی مدت کہ یہ کمبخت بھی خاموش ہے ساقی

تنہا انصاری نے کئی اشعار میں اپنے شخصی ردِ عمل کا اظہار کیا ہے اس طرح سے وہ خارجیت سے داخلیت کا سفر کرتے ہیں اور اپنے اشعار کو شخصی لمس کا آب و تاب عطا کرتے ہیں۔ وہ اپنے عہد کے نامساعد حالات کی عکاسی طنزیہ انداز میں بھی کرتے ہیں۔ اس سے ان کے ذہن کی فعالیت کا اندازہ ہوتا ہے۔

جو ہے توفیق تھوڑا سا مجھے زہر ہلاہل دے
ترا گلبانگ وعدہ بھی فریبِ گوش ہے ساقی

گردشِ شام و سحر نے دے دیئے کیا کیا فریب
ہو رہا ہے آج کل کیا اور کیا سمجھا تھا میں

چمن میں آج تک کیا ہم پہ بیتی یاد ہے مجھ کو
چلو اک بار پھر چرخِ کہن کی آزمائش ہے

تنہا انصاری وادی کشمیر کے خوب صورت مناظر کے عاشق ہیں۔ انہوں نے کئی جگہ وادی کے فطری حسن و جمال کے دلکش مرقعے کھینچے ہیں۔ "چاندنی رات میں جھیل ڈل" کی سیر" جو اٹھارہ بندوں پر مشتمل ہے، ان کے احساسِ جمال کا آئینہ ہے۔ انہوں نے کشمیر کی رنگینی و رعنائی کو اپنے وجود میں جذب کر لیا ہے۔ یہ نظم کشمیر پر لکھی گئی ان نظموں سے مختلف ہے جن میں عموی رنگ ملتا ہے۔ تنہا انصاری اپنی آنکھوں سے وادی کا حسن دیکھتے ہیں اور قاری کو بھی دکھلاتے ہیں۔ مثلاً ؎

اُف وہ تابندہ جبیں لمحے نظر افروز رات
وہ سکوں رومان پرور، وہ تغیّر بے ثبات

جیسے زد پر حُسن کی آ کر رکی تھی کائنات
ہائے وہ اعجازِ منظر، نغمہ بن جاتی تھی بات

میکدہ بر دوش وہ معصوم سیلِ رنگ و بُو
دفعتاً ۔ چھلکا دیا تھا جس نے جامِ آرزو

تنہائی منظری نظموں میں ان کا داخلی احساس بھی جھلکتا ہے۔ ایک قطعہ ملاحظہ کیجیے

رات تھی، خاموش تھا عالم، نگاہ نامراد
دے رہی تھی چاند تاروں کو دعا پایندہ باد
دُور کوئی چھیڑ بیٹھا سازِ غم اور جانے کیوں
کروٹیں لینے لگی رہ رہ کے دل میں تیری یاد

منظری نظموں میں ان کے شخصی تاثر کے انداز سے مترشح ہوتا ہے کہ وہ فطرت نگاری کے مروجہ رجحان کو عمومی طریقے سے نہیں برت رہے ہیں۔ یہی وجہ ہے کہ انہوں نے دیگر مروجہ رجحانات مثلاً وطنیت وغیرہ کو حرزِ جاں نہیں بنایا ہے۔ انہوں نے اقبالیت کے رجحان کو بھی اپنے طور پر برتا ہے۔ مثلاً ؎

لے کے شبیر سے میدان میں پھر للکارتا نکلے
یزید عصر ہے تیار، خنجر آزمانے کو

. . . .

کم نظر آتے ہیں جن کو راس آئے فکرِ غم
کم ہیں وہ جو ہنس کے پی جاتے ہیں زہرِ الم
ہاتھ پھولوں کی طرف تنہا بڑھاتے ہیں کبھی
رکھ سکیں جو پاؤں کانٹوں پر نظر آتے ہیں کم

شیخ غلام علی بلبل کاشمیری

بلبل کاشمیری کا اصلی نام شیخ غلام علی ہے اور بلبل ان کا تخلص ہے۔ وہ بانڈی پور میں پیدا ہوئے ہیں۔ وہ بقول ان کے "رواں صدی کے تیسرے عشرے کے آواخر" میں سری پرتاب کالج سرینگر میں زیر تعلیم تھے۔ اس زمانے میں کشمیر کے ایک اور نامور شاعر غ م 'طاؤس' بھی وہیں تعلیم پا رہے تھے۔ طاؤس اپنے مجموعۂ کلام "موج موج" کے دیباچے میں لکھتے ہیں:

> "جن دنوں میں کالج میں پڑھتا تھا' بلبل (شیخ غلام علی بلبل) نام کا اس وقت کا ایک اعلیٰ پائے کا ادیب اور شاعر بھی اسی کالج میں زیر تعلیم تھا۔ بلبل مجھ سے دو سال آگے تھا۔"

بلبل کاشمیری کو کالج میں خوشگوار اور حوصلہ افزا فضا میسر آگئی۔ کالج سے باہر بھی کئی

شعراء اردو میں لکھتے تھے اور ان میں سے بعض کے اسمائے گرامی مثلاً میر غلام رسول نازکی، طالب کاشمیری اور شہ زور کاشمیری بیرون ریاست بھی شہرت حاصل کر چکے تھے۔ بسمل نے بھی شعر گوئی کا آغاز کیا۔ وہ کالج میگزین میں چھپتے رہے۔ میر غلام رسول نازکی جو بانڈی پور ہی کے رہنے والے تھے، ان کی حوصلہ افزائی کرتے رہے۔ وہ لکھتے ہیں کہ انہوں نے نازکی صاحب کی صحبت سے فیض حاصل کیا ہے۔ اپنے تخلص کے بارے میں لکھتے ہیں :-

"ان دنوں ہم سری پرتاب کالج میں پڑھتے تھے۔ طلباء میں جناب غلام محمد (جو آگے چل کر کمشنر اور ہوم سکریٹری ہوئے) شاعری میں ہمارے سب سے بڑے حریف اور زندگی میں عزیز ترین دوست تھے، ادبی حلقوں میں میر غلام رسول نازکی کا بڑا شہرہ تھا ہم دونوں اکثر ان کی صحبت سے فیض یاب ہوا کرتے۔ ایک روز ہم پہنچے تو نازکی صاحب نے علامہ اقبالؒ کے اس شعر سے ہمارا استقبال کیا ؎

کر بلبل و طاؤس کی تقلید سے توبہ
بلبل فقط آواز ہے طاؤس فقط رنگ

اس روز سے ہم بسمل ہو گئے اور غلام محمد صاحب طاؤس"۔

بسمل کاشمیری طالب علمی کے زمانے میں کالج میگزین کے اردو سیکشن کے ایڈیٹر بھی رہے۔ تعلیم سے فارغ ہونے کے بعد محکمہ تعلیم میں ایک مدرس کی حیثیت سے ان کا تقرر ہوا اور وہ کرگل

(بلتستان) چلے گئے۔ دوسری جنگِ عظیم کے دوران وہ فوج میں بھرتی ہو گئے اور برما کے محاذ پر تعینات کئے گئے۔ اس کے بعد وہ فوجی ملازمت کے سلسلے میں کئی ملکوں میں گئے اور تقسیمِ وطن کے بعد پاکستان میں رہے اور وہاں سے انگلستان میں آباد ہو گئے۔

بَبس کاشمیری ایک شگفتہ دل اور ظریف الطبع شاعر ہیں انہوں نے سنجیدہ اشعار بھی لکھے ہیں مثلاً ؎

رو رو کے میں جگاؤں سوتوں کو خوابِ شب سے
اے میری چشمِ گریاں شمعِ مزار بن جا

لیکن ان کے اصلی جوہر طنزیہ اور مزاحیہ شاعری میں چمک اٹھے ہیں۔ اپنا منظوم تعارف یوں کراتے ہیں ؎

شاعر خوش نوا ہوں، خندہ بہ لب
سب کو میرا پیام ہے ہنس لو
میں جہاں رہ رہا ہوں لندن میں
اس علاقے کا نام ہے "ہنس لو"[1]

ان کا مجموعۂ کلام "خندۂ گل" ۱۹۸۷ء کو شائع ہوا۔ اپنی شگفتہ دلی کے ایک محرک کی وضاحت کرتے ہوئے لکھتے ہیں:-

ا HOUNSLOW

"ہمارے لڑکپن کے زمانے میں سرینگر میں ڈاکٹر سری رام اسکاؤٹ آرگنائزر بڑی دلآویز، رواں دواں شخصیت کے مالک تھے ہم نے ان کو ہمیشہ قہقہوں کے جھرمٹ میں جگمگاتے دیکھا۔ ان کی ایک بات ہمیں آج بھی یاد ہے۔ کہا کرتے: "اگر آپ کے پیٹ میں درد ہے تو کیا آپ کی "آہ میں مرا" کی آواز سے درد چلا جائے گا؟ بھئی اگر کوئی آواز ہی نکالنی ہے تو "واہ میں جیا" کیوں نہ کہا جائے"۔ کچھ عجب نہیں کہ اوّل اوّل غیر شعوری طور پر ڈاکٹر سری رام کے اسی شگفتہ رویے نے ہمیں مزاح کی طرف راغب کیا ہو"۔

اس فقرے میں انہوں نے اپنی شاعری کے بارے میں دو بنیادی باتوں کی طرف اشارہ کیا ہے اوّل یہ کہ ان کی شاعری ان کی شگفتگیٔ طبع کا اظہار ہے۔ ان کے مجموعے "خندۂ گل" کے مطالعے سے ظاہر ہوتا ہے کہ وہ طبعاً خوش مزاج، شگفتہ طبع، ہنس مکھ اور مخلص ہیں۔ اردو کے مشہور مزاح نگار سید محمد جعفری جو ان کے دیرینہ دوست ہیں، نے "خندۂ گل" کے صفحات پر رقم کیا ہے کہ "اس کی طبعی بشاشت اور ظرافت زندگی کے راستے کو سیراب کرنے والی نعمت ہے۔ وہ کم گو ہے مگر شگفتگی کی ایک اتھاہ لہر ان کی طبیعت میں ہر وقت مترنم رہتی ہے۔ بے تکلف احباب کے حلقے میں اس کا چہکنا شنیدنی ہوتا ہے"۔

انہوں نے خود لکھا ہے کہ "انہیں مزاح سے قدرتی لگاؤ ہے"۔ وادیٔ کشمیر سے نکل کر وہ تمام

عمر زندگی کے نشیب و فراز، اس کے مظاہر و واقعات، اس کی گوناگونی اور اس کی بوالعجبیوں تضادوں اور کمزوریوں کا سامنا کیا ہے۔ لیکن وہ جہاں بھی رہے، وقتی طور پر ہی سہی، انہوں نے گرد وپیش کی سماجی اور تہذیبی زندگی کے پیچ و خم اور جزر و مد کا بغور مشاہدہ کیا ہے۔ زندگی بدلتے رنگوں سے عبارت ہے۔ یہ جہاں سنجیدگی کا تقاضہ کرتی ہے وہاں یہ ہنسی مذاق کو بھی تحریک دیتی ہے ہنسی مذاق بھی زندگی کا اتنا ہی اہم پہلو ہے جتنا کہ سنجیدگی، اس لئے اس سے صرف نظر کرنا زندگی کی جامعیت سے انکار کرنے کے مترادف ہے۔ ہنسی کے مختلف عوامل ہو سکتے ہیں۔ یہ محض خوش طبعی کا نتیجہ ہو سکتی ہے، یہ تفریحی بھی ہو سکتی ہے، یہ خندہ استہزا ہو سکتی ہے، اس کا انداز طنزیہ ہو سکتا ہے۔ بلبل کاشمیری کی شاعری بظاہر خوش طبعی اور ظرافت ہی کی پیداوار معلوم ہوتی ہے۔ وہ اشخاص، اقوام اور تہذیبوں کی کج ادائیوں، غلط کاریوں اور تضادوں پر ہنستے ہیں۔ ان کی ہنسی ان کی خوش مزاجی، نرمی، لطافت اور ہمدردی کی زائیدہ ہے۔ ان کے اشعار خندہ آور ہیں لیکن خندہ کی زودار گونج پیدا کرنے کی بجائے نرمی کا احساس دلاتے ہیں جب ہنسی ڈوب جاتی ہے تو اداسی، محرومی، تلخی یا پچھتاوے کی کوئی پرچھائی باقی نہیں رہتی بلکہ کشادگی، لطافت اور شگفتگی کی تابناکی برقرار رہتی ہے۔ یہ ایک معصوم انسان کا احساس مزاح ہے جو اشخاص اور اشیاء میں عدم توازن کو دیکھ کر بے ساختگی سے ہنس پڑتا ہے۔ یہی وجہ ہے کہ ان کی مزاحیہ شاعری میں طنز کی کاٹ نہیں۔ اس کا یہ مطلب نہیں کہ بلبل کاشمیری زندگی کا کوئی اوپری مطالعہ رکھتے ہیں۔ وہ ایک زیرک، تر دماغ، حقیقت شناس اور مثالیت پرست فنکار ہیں، جو

زندگی کے ناہموار حقائق سے متصادم ہو کر مزاحیہ ردّعمل کا بے ساختہ اظہار کرتے ہیں۔ غور کیجیے تو ان کا مزاحیہ ردّعمل کاروبارِ حیات کی اصلیت کو بھی آشکار کرتا ہے اور زندگی کرنے کیلئے جگر اور حوصلہ بھی عطا کرتا ہے۔ وہ زندگی کے کھردرے پن کو ہنسی میں ٹال کر دراصل زندگی اور معاشرے کے گہرے ادراک کا ثبوت دیتے ہیں۔

تبسّل کاشمیری کی چشمِ مشاہدہ ہر رنگ میں وا رہتی ہے۔ وہ کہیں بھی ہوں خواہ کشمیر میں ہوں یا لندن کے موتی بازار میں، سوتھال میں، کراچی کے بندر روڈ پر یا سیالکوٹ میں، ہر جگہ زندگی کی بوالعجبیوں کا ذہنی بُعد کے ساتھ مذاق اڑاتے ہیں۔ کشمیر سے انہیں ازلی نسبت ہے۔ لکھتے ہیں؂

جس زعفراں زار سے نسبت ہے آج تک
خوشبو مرے سخن میں اسی زعفراں کی ہے

اس ضمن میں "اودیس سے آنے والے بتا!" کی پیروڈی بیحد دلچسپ ہے۔ اس میں کشمیر کے بعض مقامی حالات و واقعات کی بازآفرینی کی ہے؂

پوشاکِ وطن اب بھی ہے فرن
ہے ساتھ وہ شلوار اب کہ نہیں
پاپوشِ وطن ہے ویسے ہی
پلہور کی پیزار اب کہ نہیں

۱۵۶

اور سر پہ قصب بے رکھتی ہیں
ریحانہ وگلنار اب کہ نہیں
کیا کانگڑی پہلے ہی کی طرح
ہے جانِ وطن، جانانِ وطن
او دیس سے آنے والے بتا
کس حال میں ہیں یارانِ وطن
جھیلوں کے معتفٰے پانی پر
کیا کھیت بسائے جاتے ہیں
ان تیرنے والے کھیتوں میں
پھل پھول اگائے جاتے ہیں
جب فصل ہری ہو جاتی ہے
تو کھیت چرائے جاتے ہیں
کیا چوریاں اب بھی کرتے ہیں
وہ کھیتوں کے دزدانِ وطن
او دیس سے آنے والے بتا
کس حال میں ہیں یارانِ وطن

بلبل کاشمیری نے نظموں اور قطعات کے علاوہ غزلیں بھی لکھی ہیں۔ بعض غزلیں موضوعی ہیں۔ مثلاً فروٹی غزل، ریٹی غزل، طبی غزل، فوجی غزل وغیرہ۔ مثلاً:

سب کھجوریں کھا کے پھینکیں گٹھلیاں میری طرف
اس ظرافت کا بھلا کیا نام ہونا چاہیے

(فروٹی غزل)

بھیجے ہیں میرے یار نے خط میں بڑھا کے ریٹ
کیسے ادا کروں میں یہ ناز و ادا کے ریٹ

(ریٹی غزل)

یہ چیچک کے داغوں کی رونق تو دیکھو
رخِ یار کہ گل... [illegible] رہا ہے

(طبی غزل)

تری ابرو کماں، مژگاں ناوک، نازک خنجر ہے
تری ہر بات گولی ہے، زباں پستول ہے ساقی

بلبل کاشمیری زبان پر کامل قدرت رکھتے ہیں۔ انہوں نے روزمرہ زندگی میں بولے جانے والے الفاظ کا فنکارانہ استعمال کیا ہے۔ اس طرح ان کی زبان بھی ان کے مزاج کی طرح شگفتگی کا احساس دلاتی ہے۔

۱۵۸

تم سے چُنری تو نہ سنبھلی آج تک
زندگی کیسے سنبھالی جائے گی

تجھ کو بارش میں جو کہتے ہو اٹھا کر چھوڑ آؤں
تیرا عاشق ہوں کوئی موٹر نہیں ٹم ٹم نہیں

لڑکا نظر آتی ہے، لڑکی نظر آتا ہے
مغرب کا جو سیدھا ہے، الٹا نظر آتا ہے

ہماری ناک نزلے سے عموماً بند رہتی ہے
ہمیں زلفِ معطر کی ذرا خوشبو نہیں آتی

پردیسی کا تخلیقی شعور
ایک نئی جہت

اردو میں تنقید ابھی تک قدر سنجی کے اعلیٰ معیار کو قائم نہیں کر سکی ہے۔ بیشتر تنقید یا تو توصیفی یا توضیحی انداز کی ہے یا ماورائے تنقید کے ذیل میں آتی ہے۔ ایسی تنقید فن کے لسانی نظام سے بالعموم صرفِ نظر کرتی ہے اور فنکاروں کی تخلیقی حیثیت سے بہت کم متعارض ہوتی ہے۔ یہ افسوسناک صورتِ حال ہے اور اس کی زد میں دور افتادہ علاقائی فنکار تو درکنار، اردو کے قدیم مرکزوں مثلاً دہلی اور لکھنؤ کے لکھنے والے بھی آتے ہیں۔ اس صورتِ حال میں ان علاقوں کے قلمکاروں کی خرابیٔ قسمت کا اندازہ لگایا جا سکتا ہے جن کیلئے اردو اکتسابی زبان ہے اور جو علاقائی سطح پر نشر و اشاعت کے معقول ذرائع سے محروم ہیں۔ ان میں کشمیر کا نام بالخصوص

لیا جاسکتا ہے۔ اہلِ کشمیر کیلیے اردو مادری زبان نہیں ہے۔ لیکن اس کے باوجود اس خطے کے کئی ادیبوں اور شاعروں نے اپنے وطن میں اور اپنے وطن سے باہر اردو ہی کو موثر طریقے سے ذریعۂ اظہار بنایا ہے اور اردو ہی کی توسیع کیلیے اپنی عمریں وقف کی ہیں لیکن ایسے لکھنے والوں کی طرف اردو کے نام و نہاد نقادوں نے نگاہِ غلط انداز بھی ڈالنے کی ضرورت محسوس نہیں کی ہے۔ مجھ سے جب بھی اس بات کا شکایتاً یا احتجاجاً ذکر ہوتا ہے تو میرا جواب یہی ہوتا ہے کہ اردو میں کتنے ایسے نقاد ہیں جو گروہی مفادات سے بلند ہو کر ادب کی صحیح اور غیر جانبدارانہ جانچ کرنے کی صلاحیت رکھتے ہیں؟ میں جواباً یہ بھی عرض کرتا ہوں کہ نقاد حضرات اپنے علاقوں کے لکھنے والوں کے ساتھ انصاف نہیں کر پاتے ہیں تو اہلِ کشمیر کی کیا قدر سنجی کریں گے؟ لیکن مقامی ادباء و شعراء کی شکایت یا احتجاج یا راقم الحروف کی اس صراحت کے باوجود کہ عوام تو کم نظری کی شکار ہے صورت حال کی سنگینی بدستور برقرار ہے اور اردو کے کئی اہم مقامی افسانہ نگار اور شعراء اس سے متاثر ہیں، پریم ناتھ پردیسی ان میں نمایاں ہیں۔

پریم ناتھ پردیسی کشمیر کے ایک بلند پایہ فنکار ہیں جنہوں نے کشمیری ہو کر اردو زبان کو اپنے تجربات کے اظہار کا وسیلہ بنایا اور صنفِ افسانہ کو مالا مال کیا۔ انہوں نے ۱۹۳۲ء سے باقاعدگی سے افسانہ نگاری کا آغاز کیا اور تا حیات ۱۹۵۵ء تک لکھتے رہے۔ ان کے تین افسانوی مجموعے "شام و سحر"، "دنیا ہماری" اور "بہتے چراغ" چھپ چکے ہیں۔ پردیسی اُس زمانے میں لکھتے رہے جب ریاستی اور ملکی سطحوں پر سیاسی اور سماجی اعتبار سے بے چینی، اتھل پتھل اور

انقلاب کے حالات رونما ہو چکے تھے۔ تحریکِ آزادی پورے ملک کو اپنی گرفت میں لے رہی تھی۔ ریاست میں بھی اُس زمانے میں سیاسی اور سماجی زندگی میں بے چینی اور تبدیلی کے آثار نمودار ہونے لگے تھے۔ ریاست کے باشندے صدیوں کی محکومی، افلاس اور پسماندگی سے تنگ آکر آزادی، فارغ البالی اور ترقی کے خواب دیکھنے لگے تھے اور اپنے خوابوں کی تکمیل کیلئے مطلق العنانیت سے ٹکرانے لگے تھے۔ ۱۹۳۱ء میں سنٹرل جیل کے آہنی دروازوں کے باہر لوگوں کا ایک مشتعل ہجوم حکام کی بالا دستی اور تشدد کے خلاف غم و غصہ اور نفرت کے کھلم کھلا اظہار پر اتر آیا اور کتنے ہی مجاہدین کے بدن فوجیوں کی گولیوں سے چھلنی ہو گئے اور شہدا کا لہو سرزمین کشمیر کو سیراب کر گیا۔ یہ گویا صدیوں کے خواب غفلت میں سوئے ہوئے لوگوں کی بیداری کی کروٹ تھی اور پہلی بار ریاست میں اجتماعی طور پر آزادی کی جدوجہد کا آغاز ہوا۔ اس کے ساتھ ہی لوگوں میں عزتِ نفس، معاشی خود مختاری اور قومی تشخص کی بحالی کا احساس تیز ہونے لگا۔ طبقاتی کشمکش اپنے نقطۂ عروج پر تھی۔ عالمی جنگوں نے انسانی اقدار کی تباہی میں کوئی کسر اٹھا نہ رکھی تھی۔ عوام میں بیداری کی لہر دوڑ رہی تھی۔ ترقی پسند تحریک کے زیرِ اثر اردو کے ادیب اور دانش ور سماجی تہذیبی اور سیاسی مسائل و حالات کے علم و آگہی کو بنیادی اہمیت دے رہے تھے۔ پریم چند نے ہندوستانی دیہات میں رہنے والے عام لوگوں کے دکھوں، خوابوں اور آرزوؤں کے بارے میں افسانے لکھے۔ پردیسی ملکی و ریاستی سطحوں پر سیاسی اور فکری پراگندگی، انقلاب اور اضطراب کی صورتِ حال کا سامنا

کرتے رہے۔ وہ ذہنی اور فکری طور پر خود بھی تبدیلی اور رفتار کے مرحلوں سے گذرتے رہے۔ پردیسی بچپن ہی سے غور و فکر کے عادی تھے۔ وہ فنکارانہ دل و دماغ لے کر پیدا ہوئے تھے۔ گھر کے علمی و ادبی ماحول نے ان کے ذوقِ ادب کو پروان چڑھانے میں مدد دی۔ انہوں نے اردو ادب کا مطالعہ کیا۔ اس زمانے میں رومانی افسانہ نگاری اپنے عروج پر تھی لیکن پریم چند کے مقصدی افسانے بھی مقبول تھے۔ چنانچہ انہوں نے اپنی ذاتی واردات اور مشاہدات کو الفاظ کا جامہ پہنانے کی طرف توجہ کی۔ ابتدائی دور میں وہ ٹیگور، نیاز فتحپوری اور سجاد حیدر یلدرم کی رومانیت اور تخیل پرستی کی جانب مایل رہے۔ لیکن جلد ہی خارجی حالات کے دباؤ کے تحت ذہنی تبدیلی سے دوچار ہوئے۔ انہیں محسوس ہوا کہ یہ ان کی جولان گاہ نہیں ہے وہ خارج کی تلخ حقیقتوں سے چشم پوشی کرکے لذت انگیز تخیلی اور رومانی افسانے لکھنے کیلیے پیدا نہیں ہوئے ہیں۔ چنانچہ اپنے ایک خط میں صدیقہ بیگم سیوہاروی کو لکھتے ہیں:۔

"سنہ ۱۹۳۲ء سے سنہ ۱۹۳۸ء تک جو کچھ میں نے لکھا اس پر میں فخر نہیں کرسکتا۔ اس وقت تک مجھے یہ احساس ہی نہ تھا کہ ایک افسانہ نگار ہونے کی حیثیت سے مجھ پر اپنے وطن عزیز کے کیا فرائض ہیں۔ اس وطن کے جس کے چالیس لاکھ باشندے پونے چار سو سال سے غلام در غلام چلے آرہے ہیں۔"

سنہ ۱۹۳۲ء میں "انگارے" کی اشاعت عمل میں آئی۔ پردیسی نے "انگارے" کے افسانوں

کا گہرا اثر قبول کیا۔ اس کا اعتراف انہوں نے اپنی تحریروں میں کیا ہے۔ پردیسی کے ذہنی اور جذباتی رویے میں یہ بنیادی تبدیلی ان کیلیے بہت سود مند ثابت ہوئی۔ گرد و پیش کی زندگی کی الجھنوں محرومیوں اور تضادوں کے گہرے مشاہدے نے ان کے تخلیقی ذہن کو متحرک کیا۔ انہوں نے خاص کر کشمیر کے دیہات اور شہر میں رہنے والے عام لوگوں کے خوابوں، آرزوؤں، حسرتوں اور دکھوں کو ذاتی سطح پر محسوس کیا اور ان کا داخلی وجود تخلیقِ فن کا ایک لازوال سرچشمہ بن گیا۔ سہیل عظیم آبادی نے درست لکھا ہے:

"پردیسی کی زندگی کشمیر کیلیے تھی، ان کا فن کشمیر کیلیے تھا۔"

اہلِ کشمیر کی غلامی، افلاس اور پسماندگی کو اپنا موضوع بنا کر پردیسی نے نقطۂ آغاز ہی سے اپنے تخلیقی سفر کی سمت کو متعین کیا۔ ان کے سامنے پریم چند کے افسانے تھے جو ہندوستانی دیہاتی فضا، کسانوں، محنت کشوں اور مزدوروں کی افلاس زدہ زندگی کے متعلق لکھے گئے تھے یا پھر ترقی پسند افسانہ نگاروں کے وہ افسانے تھے جو ملک میں طبقاتی نظام کی پیدا کردہ خرابیوں، الجھنوں اور تضادوں کو اجاگر کرتے تھے۔ پردیسی نے ان سے استفادہ ضرور کیا لیکن ان کو اپنا آئیڈیل نہیں بنایا۔ انہوں نے اپنے سفر کی سمت کا تعین تو کر لیا لیکن منزلوں کی نشاندہی نہ کی۔ اگر وہ ایسا کرتے تو خود ہی اپنے تخلیقی پرواز کی حد بندی کرتے۔ جیسا کہ پریم چند نے حقیقت نگاری کی دھن میں اپنے بیشتر افسانوں میں کیا۔ یا اسی دور کے بیشتر افسانہ نگاروں نے فن کو مقصدیت کا تابع محض بنا کر کیا۔ پردیسی کے بارے میں بادی النظر میں یہی تاثر قائم ہو جاتا ہے کہ انہوں نے

حقیقت نگاری اور مقصدیت کے مروجہ تصورات کے اتباع میں، جیسا کہ انہوں نے خود لکھا ہے "جب ترقی پسند مصنفین کی پہلی کتاب 'انگارے' شائع ہوئی تو مجھے شدت سے اس امر کا احساس ہوا کہ جو کچھ میں نے آج تک لکھا ہے سب بے کار ہے کیونکہ اس میں رومان کے سوا کچھ نہیں"۔ کو منتہائے فن بنا لیا۔ لیکن یہ تاثر صحیح نہیں۔ یہ ضرور ہے کہ ان کے کئی افسانے واضح طور پر ان کے مقصدی رویے کی غمازی کرتے ہیں۔ نتیجتاً وہ فنی تقاضوں کی کماحقہٗ تکمیل کرنے سے قاصر ہیں۔ لیکن پردیسی نے ایسے افسانے بھی لکھے ہیں جو حقیقت پسندانہ اور مقصدی انداز کے باوجود اس سے ماورا ہیں اور حقیقی تخلیقی سطح کو چھوتے ہیں۔ یہ افسانے پردیسی کے غیر معمولی تخلیقی شعور پر دلالت کرتے ہیں اور ان کو ملکی سطح پر اردو افسانے میں ایک اہم مقام کی ضمانت فراہم کرتے ہیں۔

پردیسی کے تخلیقی شعور کی شناخت کیوں کر ممکن ہے؟ یہ بنیادی سوال ہے۔ اردو افسانہ نگاروں کی تعین قدر کے ضمن میں عموماً اس سوال سے صرفِ نظر کیا جاتا ہے۔ اس کے برعکس مروجہ اور فرسودہ مسائل یعنی افسانہ نگار کی عصری آگہی، تاریخی اور سماجی شعور یا ان کے سوانحی حالات کی صراحت پر سارا زور صرف کیا جاتا ہے اور اس نوع کی غیر متعلقہ تنقید کا آسان نسخہ افسانہ نگار پر آزمایا جاتا رہا ہے۔ نتیجہ میں افسانہ نگاروں کے بارے میں تاریخی، سوانحی اور عصری معلومات کے دفتر تو کھولے جاتے ہیں لیکن افسانہ نگار کی تخلیقی اُپج یا اس کی تخلیقات کے وجود سے تعرض نہیں کیا جاتا۔ اس نوع کی مدرسانہ تنقید نے افسانے کی تخلیقی اسراریت کو

شجر ممنوعہ بنایا اور افسانے کا فنی منصب نظروں سے اوجھل رہا۔ یہ اردو افسانے کی بدنصیبی ہے کہ اس کے حصے میں اس نوع کی تنقید آئی اور وہ صحیح پرکھ سے محروم رہا۔ پریم چند کے افسانوں میں اشتراکیت، حقیقت نگاری، مثالیت اور عصریت کی توضیحات تو کی گئیں اور انہیں ہندوستان کی دیہی زندگی کا مصور تو کہا گیا لیکن ان کے فنی شعور کی لسانی تجسیم پر توجہ نہ کی گئی۔ یہی حال ان کے بعد دیگر افسانہ نگاروں کا بھی ہے۔

پریم ناتھ پردیسی کی محرومی اگر یہ ہے کہ اردو کے نقادوں نے ان کو درخور اعتنا نہیں سمجھا تو دوسری طرف ان کی خوش قسمتی یہ ہے کہ وہ ان کے ہاتھوں تختۂ مشق ہونے سے محفوظ رہے۔ پردیسی کے تخلیقی شعور کی تفہیم و تحسین کیلیے دو بنیادی باتوں کو ذہن میں رکھنا ضروری ہے۔ اول ان کا سرچشمۂ فیض، جیسا کہ مذکور ہوا، کشمیر ہے۔ یاد رہے کہ وہ کشمیر کے ظاہر و باطن دونوں پر گہری نظر رکھتے ہیں۔ کشمیر کے قدرتی مناظر کئی مقامی اور غیر مقامی ادیبوں کیلیے محرک کا کام کرتے رہے ہیں۔ لیکن بہت کم لوگوں نے کشمیر کے باطن کے اندر جھانکا ہے۔ چنانچہ کشمیر سے متعلق بیشتر منظومات میں کشمیر کے ندی، نالوں، برف پوش پہاڑوں، سرسبز وادیوں، آبشاروں اور جھیلوں کا خارجی انداز میں شاعرانہ بیان ملتا ہے۔ لیکن کشمیر کی شخصیت میں جو داخلی پیچیدگی، گہرائی، تضاد، اسراریت اور کرب ہے۔ اس کی طرف بہت کم توجہ کی گئی ہے۔ اقبالؒ نے بعض نظموں میں اس کا ذکر کیا ہے لیکن بعد کے اردو شعراء نے صرف کشمیر کے خارجی مناظر ہی کو مرکز توجہ بنایا ہے۔ کشمیری شاعری میں کشمیر کی داخلی شخصیت کی جھلکیاں ضرور ملتی ہیں۔ لیکن

ابھی تک اس پر کام نہیں ہوا ہے۔ اس پس منظر میں پردیسی کو کشمیر کی حقیقی روح میں اترنے اور اسے اپنے افسانوں میں منتقل کرنے میں یقیناً اولیت کا شرف حاصل ہے۔ حق تو یہ ہے کہ پردیسی نے کشمیر کا مشاہدہ کرکے کشمیریت کے نقوش ابھارنے کی سعی نہیں کی ہے بلکہ ان کی ذات مجسم کشمیر ہے اور افسانے لکھتے ہوئے وہ شعوری کاوش سے کسی کشمیری موضوع کا انتخاب نہیں کرتے بلکہ کشمیر ان کے باطن سے نمود کرتا ہے اور ایک تخلیقی ہیولے میں ڈھل جاتا ہے۔ پردیسی کے یہاں کشمیر کے ظاہر سے زیادہ اس کی روح کی اسراریت کی نقاب کشائی کا انداز نمایاں ہے اور ان کیلیے تخلیقیت کے ابدی راز کھول دیتا ہے۔ کشمیر ان کیلیے ایک لازوال سرچشمۂ فیضان ہے یہ ان کیلیے دکھی، مظلوم اور پسماندہ انسانیت کی علامت بھی ہے۔ حب الوطنی کے جذبے کا منبع بھی، جمالیاتی رنگارنگی، نفسیاتی تہہ داری اور خیر اور شر کے درمیان تصادم کی آماجگاہ بھی، قدروں کی معنویت اور تہذیبی ورثے کا وسیلہ بھی، عصری آگہی کا متلازمہ بھی، یہاں تک کہ کشمیر "تو من شدی و من تو شدم" کے مصداق ان کی کثیر الجہت اور پیچیدہ شخصیت کا شناخت نامہ بن جاتا ہے۔

پریم ناتھ پردیسی نے کشمیریت کو داخلی سطح پر محسوس کرکے اس کی مصوری کی ہے۔ ان کے افسانوں کے کرداروں کے رویے، محسوسات اور عقائد پردیسی کی شخصیت کے مختلف ابعاد کو روشن کرتے ہیں۔ مام دین، دستو میر، جاوید، رحم علی، ابراہیم، ٹیکہ بٹ، دیدار سنگھ، امام صاحب، گنگادھر، پر پھول اور عبدل وغیرہ جیسے کرداروں کی نفسیاتی الجھنیں، درد

کرب اور اضطراب، خواب اور آرزوئیں پردیسی کی شخصیت کا آئینہ ہیں۔ تاہم جو چیز پردیسی کو ایک ارفع اور منفرد سطح عطا کرتی ہے۔ وہ یہ ہے کہ وہ ان تمام کرداروں کی نمائندگی کرنے کے ساتھ ساتھ ان کی بنتی بگڑتی تقدیروں کا مشاہدہ بھی کرتے ہیں۔ اس عمل میں وہ دردمندی کے رویے کو افضلیت دیتے ہیں۔ ان کی دردمندی، دطنیت اور انسان دوستی سے سیراب ہوتی ہے۔ انسانی درد کو اتنی سچائی اور گہرائی سے محسوس کرنے کی اردو فکشن میں کم ہی مثالیں ملیں گی۔ تخلیقی عمل میں یہ ناقدانہ خود ضبطی فنکار کو بے جا جذباتیت یا رقیق القلبی کا شکار ہونے سے بچاتی ہے اور اس طرح سونا کھوٹ کی ملاوٹ سے بچ جاتا ہے بیشتر ترقی پسندوں کو تو ان کی جذباتیت ہی لے ڈوبی۔ فیض اس لئے بھی ثابت و سالم ہے کیونکہ وہ قدم قدم پر اپنے جذبات کا احتساب کرتے رہے اور ضبط کے پابند رہے۔ پردیسی نے اپنی شخصیت میں جذبات کے مدوجزر سے گذرتے ہوئے بھی جس تحمل اور خود ضبطی سے ان کا سامنا کیا ہے۔ وہ اپنی مثال آپ ہے وہ اس دردمندی کی بدولت اہلِ کشمیر کی حالتِ زار (PLIGHT) کو صرف محسوس ہی نہیں کرتے بلکہ دانشورانہ سطح پر اس کا ادراک بھی کرتے ہیں اور اس کے اسباب و علل کا تجزیہ بھی کرتے ہیں۔ وہ اپنے افسانوں کے کرداروں کے ظاہر و باطن کے تناقض پر غور و فکر بھی کرتے ہیں اور مجبور و مقہور زندگی گذارتے ہوئے ان کے اندرون میں پلنے والے صدیوں کے احتجاج اور غم و غصہ کے ردِعمل کو بھانپ بھی لیتے ہیں۔ اس طرح سے وہ مظلوم انسانیت کی شکست خوردہ آرزوں اور خوابوں کا ماتم ہی نہیں کرتے

بلکہ ناقدانہ بصیرت سے کام لے کر انسانوں کی مخفی اور خوابیدہ قوتوں کا ادراک بھی کرتے ہیں۔ وہ ان کے نفسیاتی وجود کے اسرار پر نظر رکھتے ہیں اور پھر حالات کی تبدیلی کے زیر اثر ان کی ذہنی کروٹوں کا علم بھی رکھتے ہیں۔ اس کا مثبت نتیجہ یہ نکلا ہے کہ پردیسی کیلئے کشمیریت علاقائیت کے ہم معنی ہو کر نہیں رہ گئی ہے بلکہ ان کے یہاں جو علاقائیت ابھرتی ہے۔ وہ آفاقیت کے مترادف ہے۔

پردیسی کے بارے میں یہ کہنا جیسا کہ بعض سطح بین حضرات نے لکھا ہے کہ انہوں نے اہل کشمیر کی مفلوک الحال، محکوم اور مجبور زندگی کے نقشے کھینچے ہیں، محض ادھوری صداقت ہے۔ حق تو یہ ہے کہ پردیسی نے ایسا کرتے ہوئے تخلیقی اعتبار سے ایک ارفع تر اور نتیجہ خیز مقصد کو پیش نظر رکھا ہے۔ یعنی انہوں نے مطلق العنانیت اور جاگیر شاہی کی چکی میں پسنے والے کشمیریوں کے درد و داغ اور جستجو و آرزو کی تصویر کشی کرتے ہوئے اُس ازلی انسان کے نفسیاتی پیچ و خم، جمالیاتی سحرکاری فریب شکستگی اور داخلیت کی مصوری کی ہے جو علاقائیت رنگ، نسل، مذہب اور جغرافیائی ... زلوں کی نفی کر کے آب و گل سے پیوست ہے۔ یہ اصلی اور قدیم الاصل انسان ہے۔ پردیسی کے یہاں یہ انسان کشمیری بن کر ضرور سامنے آتا ہے۔ یہ کشمیری لب و لہجہ رکھتا ہے۔ اس کی وضع قطع، لباس، نفسیات، عقائد، نظریات، اخلاقی اور مذہبی رجحانات کشمیری ہیں۔ وہ کشمیر کی جھیلوں، پہاڑوں، ندی نالوں اور مرغزاروں میں سانس لینے کے ساتھ ساتھ متعفن گلی کوچوں اور تنگ و تاریک کمروں میں زندگی کے دن پورے کرتا ہے۔ وہ خدا ترسی، بھائی چارے، ایمانداری، غیرت، ناموس، بزدلی، بے ایمانی، عیاری، رواداری، ایثار،

تیاگ، روحانیت اور وطنیت کے متنوّع اور بعض صورتوں میں متضاد جذبات سے کشمیری نظر آتا ہے۔ لیکن افسانہ تمام ہوتا ہے تو محسوس ہوتا ہے کہ یہ محض ایک کشمیری مزدور، کاریگر، کسان، مولوی صاحب، مانجھی، برہمن زادی یا بانجھ عورت کی کہانی نہیں بلکہ ازلی انسان کی واردات ہے جو ہر انسان کی واردات بن جاتی ہے ؎

جو سنتا ہے اُسی کی داستاں معلوم ہوتی ہے

چنانچہ پردیسی کے تخلیقی شعور کی تفہیم کے ضمن میں دوسری کلیدی بات یہ ہے کہ انہوں نے انسانوں کے مسایل پر لکھتے ہوئے انسانی سرشت کو کبھی نظر انداز نہیں کیا ہے۔ وہ انسانی فطرت کے نبض شناس ہیں۔ انہوں نے خاص طور پر انسان کے جبلی وجود کو مرکز نگاہ بنایا ہے! اردو افسانہ نگاروں میں پردیسی جس گہرائی اور ژرف بینی سے بعض مخصوص حالات میں انسانی جبلتوں کی کارکردگی کو اپنے افسانوں کا موضوع بناتے ہیں، اس کی مثال کم ملتی ہے۔ پریم چند کے سینکڑوں افسانوں میں "کفن" ہی ایک ایسی مثال ہے جو انسان کی بھوک کی جبلت کے تحت اس کی بہیمیت کو ظاہر کرتی ہے۔ پردیسی کی انفرادیت اس بات میں پوشیدہ ہے کہ ان کے اکثر و بیشتر افسانے کا محور انسان کے جبلی خصائص و اعمال ہی ہیں جو تہذیبی اور اخلاقی تہذیب و اقدار اور سماجی اور سیاسی دباؤ کے باوجود اپنی اصلیت کا احساس دلاتے ہیں پردیسی کو کشمیر میں رہ کر اپنے ہم جنسوں کی نقاب پوش جبلی خصائص کو پہچاننے میں شاید دشواری اس لئے نہیں ہوتی کیونکہ کشمیر دنیا کا ایک دُور افتادہ اور الگ تھلگ خطہ ہے۔ جدید

شہروں کی تہذیبی ملمع کاریوں کی بجائے یہاں فطرت کی اصلی اور قدیم صورت کی آغوش میں انسانوں کی ازلی جبلتوں کی پرورش اور برداخت کے وافر امکانات رہے ہیں۔ پردیسی کو احساس ہے کہ انسان کی بنیادی طور پر بعض جبلی بلکہ حیوانی جذبات و خواہشات کا مالک ہے جن کے آزادانہ اظہار اور آزادانہ تکمیل میں بے شمار موانع ہیں۔ ایسی صورت میں انسان کی شخصیت پراگندگی اور پسپائی کی شکار ہو جاتی ہے اور المیہ صورتِ حال پیدا ہوتی ہے۔

انسان کے بارے میں پردیسی کے اس رویے کا اتنے تسلسل، دردمندی اور آگہی کے ساتھ اظہار ہوا ہے کہ یہ ان کے یہاں ایک مربوط ذہنی رویے پر منتج ہوتا ہے۔ وہ بار بار مختلف جابر قوتوں مثلاً طبقاتی نظام، جابر شاہی، جنسی امتناعات، جسمانی معذوریوں، حالات کی جبریت اور سیاست کی چیرہ دستیوں کے تحت انسان کے جبلی وجود کے انتشار پر اپنے گہرے دکھ کا اظہار کرتے ہیں۔ وہ اپنے افسانوں میں مختلف واقعات کی مدد سے کرداروں کو ایک ڈائیلما سے متصادم کراتے ہیں لیکن اس کا کوئی حل تجویز نہیں کرتے۔ "خون اور سکے" میں جیمہ خان عمر رسیدگی کے نتیجے میں بیزاری، تھکن اور گوشہ نشینی کی زندگی گذارتا ہے لیکن جب نوراں کا غیر معمولی حسن، گداز جوانی، اس کا سانولا رنگ اور چھریرا جسم اس کی فہم و ادراک پر چھا جاتا ہے تو اس کا سویا ہوا جبلی وجود جاگ اٹھتا ہے لیکن جب نوراں اسے چاچا کہتی ہے تو اسے محسوس ہوتا ہے کہ نوراں نے اس کے منہ پر چپت لگائی ہے۔ "اسے یقین ہوا کہ وہ بہت بوڑھا ہے"۔ اور پھر اپنے پارہ پارہ وجود کو سمیٹتے ہوئے ٹھوس صورتحال

سے مفاہمت کرتا ہے۔ اس کے برعکس "اجالے اندھیرے" میں جاوید لوٹ کھسوٹ اور بڑوں کے متسابی اور سرپرستانہ رویے کے خلاف بغاوت کرتا ہے اور آزادی کے حق کا تقاضا کرتا ہے۔ وہ بڑے بھائی کو چھوڑ کر چلا جاتا ہے لیکن افسانے کا خاتمہ تھکن اور تاریکی پر ہوتا ہے یہاں تک کہ جاوید کی آزادی کی جدوجہد کا ہمہمہ ماند پڑتا نظر آتا ہے۔

پردیسی کو انسان کے ظاہر و باطن کے تضادات کا شعور ہے انہیں یہ بھی علم ہے کہ مذہب عقائد، فطرت، تصوف اور تعلیم کے اقدار کے باوجود انسان اپنے اندر کے وحشی اور سرکش جذبات سے چھٹکارا نہیں پا سکا ہے۔ انسان کے اندر ایک قدیم غیر مہذب اور وحشی آدمی خوابیدہ ہے جو خارجی حالات کی کسی کروٹ کے نتیجے میں جاگ اٹھتا ہے۔ در اپنے اظہار سے نہیں چوکتا۔ اہل کشمیر صدیوں کی غلامی، افلاس اور استحصال کے نتیجے میں احساس کمتری، کاہلی اور بے عملی کے شکار رہے ہیں لیکن ان کے اندر ایک انا پرست، خوددار اور غصیلا انسان زندہ ہے۔ "کاریگر" میں ایک بدیسی سیاح جو نفسیات کا معلم ہے، لکڑی پر کھدائی کا کام کرنے والے کاریگر رام دین سے ملتا ہے وہ ایک معمر کاریگر ہے۔ میلی سی شلوار میں ملبوس، جس کے تانبے کی طرح سیاہی مائل سرخ جسم کی ہڈیاں تک گنی جا سکتی ہیں۔ وہ حسن کار ہے لیکن نحیف و نزار ہے اور افلاس کے بوجھ سے دبا ہوا ہے لیکن جب اس کی فرمائش پر وہ سنگار کیس پر بنائی ہوئی تصویر کو دیکھتا ہے تو مسرت سے جھوم اٹھتا ہے۔ سنگار کیس پر ایک اژدہے کی تصویر کھدی ہوئی ہے جو منہ کھولے کسی چیز کے پیچھے بھاگا جا رہا ہے لیکن دوسرے ہی لمحے وہ محسوس

کرتا ہے:

"جب اژدہے کی چوبیس آنکھوں میں نفرت، کشمکش اور انتقام کی آگ دہک رہی ہے اور وہ جیسے سارے کرۂ ارض کو ڈسنے، اپنے زہر سے خاکستر کرنے کیلئے بھاگا جا رہا ہے...... لمحہ بہ لمحہ اسے شک ہوتا ہے کہ یہ اژدہا نہیں، یہی کانپتا ہوا امام دین ہے۔"

"اجالے اندھیرے" کا مرکزی کردار جاوید ایک حساس، رومانی، خواب پرست اور انصاف پسند نوجوان ہے۔ لیکن وہ گرد و پیش کی زندگی میں طبقاتی تفاوت، لوٹ کھسوٹ، تشدد اور گھریلو زندگی میں بڑوں کی بالادستی کے خلاف شدید احتجاج پر اتر آتا ہے:

"مجھے آزادی کا حق ہے۔ میں اپنی ذات فنا کرنا نہیں چاہتا۔"

"کتبے" میں رحم علی چنار کی ننگی چھاتی پر سنگین کی نوک سے اپنا نام کندہ کرکے محکومیت بیچارگی اور فنا انجامی کے خلاف احتجاج کرتا ہے اور انسان کی لازوال بننے کی خواہش کا اظہار کرتا ہے:

"کوٹھیاں بدلیں گی، گھاٹ آباد ہوں گے، وزیر بدلیں گے اور تنے پر لکھا ہوا کتبہ امر ہو جائے گا۔"

"سوغات" میں انسان کے اندر بوڑھاپے اور حد درجہ نقاہت کے باوجود زندہ رہنے کی جبلی خواہش کی مصوری کی گئی ہے۔ نیل کنٹھ پر پردیس سے ماں کیلئے رام رام پٹ بطور سوغات

لے آتا ہے تو ماں اپنے ردِعمل کا یوں اظہار کرتی ہے :

"رام رام بٹ — مگر میں — میں ابھی مرنا نہیں چاہتی۔"

اس ضمن میں "سنکرات" کا ذکر بے محل نہ ہوگا۔ افسانے میں ایک پانچ چھ برس کی ننھی سی لڑکی ستیو جو نوکرانی کے طور پر کام کرتی ہے اور ہر ماہ کی سنکرات کو گلی کے نکڑ پر ماں کے ہاتھ میں ایک روپیہ تھما دیتی ہے۔ اچانک بیمار ہو کر انتقال کرتی ہے۔ افسانے کا کردار، جو کہ کرایہ دار ہے اور ستیو سے ہمدردی رکھتا ہے، ستیو کی لاش کو سپردِ آتش کرکے لوٹتا ہے تو اس کی ماں اسے ملتی ہے وہ اسے اطلاع دیتا ہے کہ ستیو مر گئی۔ ستیو کی ماں گھبرا کر بولی : "ہائے رام مر گئی" اور پھر چند ثانیوں کے بعد بولی "اور اس کی تنخواہ ؟"

ستیو کی ماں کو بچی کی موت کی دلخراش خبر سننے کے محض چند ثانیوں کے بعد ہی تنخواہ کا خیال آتا ہے۔ مرگِ اولاد کے سانحے سے دو چار ہونے کے باوجود ماں کا ستیو کی تنخواہ کے بارے میں استفسار انسان کی زندہ رہنے کی مجبوری کو ظاہر کرتا ہے۔

"بہتے چراغ" کے کم و بیش تمام افسانوں میں پردیسی نے انسان کے جبلی وجود کے مظاہر و آثار پر نظر رکھی ہے اور خارجی حالات کی جبریت کے تحت جبلتوں کی پیدا کردہ نو بہ نو نفسیاتی الجھنوں کی پیکر تراشی کی ہے۔ اس میں شبہ نہیں کہ وہ کشمیریوں کی محکوم و مجبور زندگی پر نظر رکھتے ہیں اور ان کا سب سے بڑا مسئلہ اپنے ہم وطنوں کی اقتصادی اور ذہنی کشمکش ہے۔ وہ پوری دردمندی سے اسے محسوس کرتے ہیں۔ لیکن وہ کشمیریوں کی محکومیت اور افلاس افسانے

پر لادتے نہیں بلکہ مناسب اور فطری انداز میں اس کا اظہار کرتے ہیں۔ یہ انداز ایمائی صورت اختیار کرتا ہے اور بسیار شیوہ ہو جاتا ہے۔ یعنی افلاس کی تصویر کشی کے علاوہ اور بھی بہت کچھ ہے۔ وہ زندہ انسانوں کی گوناگوں جذباتی اور ذہنی کیفیات کا احاطہ کرتے ہیں۔ یہاں تک کہ ان کا ہر افسانہ متنوّع اور متضاد کیفیات کا نگار خانہ نظر آتا ہے۔ مثال کے طور پر "بھتے چراغ" ایک بانجھ عورت کی اس جبلی خواہش کا اظہار ہی نہیں کہ اسے اولاد چاہیئے بلکہ دیگر متنوع کیفیات مثلاً امن کی خواہش، جنگ پرستوں کے مکروہ عزائم، ریاست میں قومی بیداری، کشمیری تہذیب، توہم پرستی، جنگ بیزاری، دیو مالائی عنصر اور نسائی حسیّت وغیرہ سے مملو ہے۔ پردیسی ایک بیدار مغز فنکار ہیں۔ ان کی شخصیت میں غیر معمولی تخلیقی توانائی ہے۔ وہ افسانے لکھتے ہوئے کسی سماجی یا انسانی مسئلے یا مقصد کو ضرور ذہن میں رکھتے ہیں۔ لیکن اس مقصد کو منتہائے مقصود نہیں بناتے۔ ان کے پیش نظر ہمیشہ ایک ہی مقصد ہے اور وہ اپنے افسانے کی تخلیق، اس کا مطلب یہ ہے کہ موضوع یا مقصد ان کی داخلی شخصیت میں ضم ہو جاتا ہے اور وہ دراصل اپنی شخصیت میں پلنے والے تجربات کا اظہار کرتے ہیں۔ اس تناظر میں دیکھیے تو پردیسی کے تمام کردار جو اپنی محبتوں، نفرتوں، حسرتوں اور محرومیوں کے ساتھ ابھرتے ہیں، بنیادی طور پر پردیسی ہی کی داخلی شخصیت کے اجزا ہیں۔ ایسا محسوس ہوتا ہے کہ پردیسی نے کشمیر کی روح کو اپنے اندر حلول کر لیا ہے۔ یہ صرف معاصر کشمیر نہیں بلکہ ماضی کا کشمیر بھی ہے جو اپنے تہذیبی سرمائے، دکھ درد اور تاریخی اتار چڑھاؤ کے قابل شناخت بن جاتا ہے اور مستقبل کا کشمیر بھی ہے جو نادیدہ امکانات

سے مملو ہے۔ اسی طرح سے ہمارے سامنے وہ کشمیر آجاتا ہے جو پردیسی کے تخیل میں آباد ہے اور جمالیاتی جذب و کشش سے بہرہ مند ہے۔ پردیسی کا ہر افسانہ ایک تخلیقی تجربہ ہے۔ ان کا پیچیدہ متنوع، دردمند اور ہمہ گیر شخصیت کا موثر لسانی اظہار، شدت ارتکاز اور تاثیر سے معمور ہے۔ پردیسی منجھے ہوئے فنکار ہیں۔ وہ اردو کے اکثر افسانہ نگاروں کی طرح لفظوں کا ضیاع نہیں کرتے اور نہ ہی کرشن چندر انہ شعریت سے کام لے کر اسلوب کے ترسیلی کردار کو زک پہنچاتے ہیں۔ وہ زبان کی سادگی، روانی، استدلالیت اور توازن کو قائم رکھتے ہیں اور بقول برج پریمی :-

"کفایت لفظی کے اعتبار سے منٹو کی یاد دلاتے ہیں"۔ یہ ضرور ہے کہ جہاں کسی نازک ذہنی یا جذباتی حالت کا اظہار یا تخیلی فضا آفرینی مقصود ہو وہاں وہ تشبیہ و استعارہ سے بھی کام لیتے ہیں۔ مثلاً :-

"پری محل کی مہیب صورت پہاڑیوں کے پیچھے سے صبح کا مسکراتا سورج دو نیزے اوپر آچکا تھا اور ابھی تک اسے اپنے ہونٹوں میں آنسوؤں کی نمی کا احساس ہو رہا تھا۔"

(دھول)

"سڑک کے نیچے کشن گنگا کا پانی جیل سے بھاگے ہوئے قیدی کی طرح بھاگ رہا تھا۔"

(خون اور سکہ)

"صبح کی دھوپ بے جان اور میلی تھی اور لیٹے ہوئے ننگے
کھیتوں میں ایسی نظر آرہی تھی جیسے کسی ویران مکان میں غلیظ
بتی کی مدھم سی روشنی ٹمٹمارہی ہو۔"

(نئی سڑک)

اس میں کوئی شبہ نہیں کہ پردیسی اردو کے ایک معتدر اور اہم افسانہ نگار ہیں۔ انہوں نے کشمیر کے حوالے سے بالخصوص انسان کے جبلی وجود کی مرقع کاری کر کے اردو افسانے کو مربوط طریقے سے ایک نئی جہت سے آشنا کیا ہے۔

ختم شد